Alycea Ungaro

>> 15 minutes *chaque jour*

Pilates

Neuvième édition

LE COURRIER DU LIVRE
27, rue des Grands-Augustins
75006 Paris

À mon mari, Robert.

Chef de projet éditorial Hilary Mandleberg
Directrice artistique du projet Miranda Harvey
Directrice artistique senior Peggy Sadler
Directrice éditoriale adjointe Penny Warren
Directrice artistique adjointe Marianne Markham
Directeur artistique Peter Luff
Directrice de la publication Mary-Clare Jerram
Photographe Ruth Jenkinson
Maquettiste Sonia Charbonnier
Contrôleuses de production Rebecca Short, Sarah Sherlock
Producteur éditorial Luca Frassinetti
Concepteur de la jaquette Neal Cobourne

DVD édité par Chrome Productions
www.chromeproductions.com

Réalisateur Joel Mishcon
Chefs opérateurs Marcus Domleo, Matthew Cooke
Cadreurs Marcus Domleo, Jonathan Iles
Directrice de production Hannah Chandler
Assistant de production Nathan Nikolov
Machiniste Pete Nash
Chefs électriciens Paul Wilcox, Johann Cruickshank
Compositeur Chad Hobson
Coiffeuses et maquilleuses Roisin Donaghy, Victoria Barnes
Voix off : Dominique Dufour
Enregistrement : Studio Plasma – Vincent Cardinal
Composition multimédia : Studio Plasma – Pierre-Luc Paré

A WORLD OF IDEAS: SEE ALL THERE IS TO KNOW
www.dk.com

Titre original : *15 minute everyday Pilates*

Traduit de l'anglais par Marie-Noëlle Antolin

© Le Courrier du Livre, 2008, 2009, 2010, 2011, 2012, 2013, 2014, 2015, 2016 pour l'édition française

ISBN : 978-2-7029-0633-0

www.editions-tredaniel.com
info@guytredaniel.fr

facebook.com/editions.tredaniel

Imprimé en Chine par Leo Paper Products

Ventes interdites au Québec

Sommaire

Avertissement

Il est recommandé de consulter un médecin avant de démarrer
tout programme de fitness, notamment si vous êtes enceinte ou
avez accouché dans les six dernières semaines, ou encore si
vous avez un quelconque problème de santé, comme de la
tension artérielle, de l'arthrite ou de l'asthme.

Tous les efforts ont été fournis afin de vous proposer un
programme complet et précis. Ni l'auteur ni l'éditeur ne pourront
être tenus responsables en cas de blessures ou autres
dommages. Les informations et suggestions contenues dans cet
ouvrage ne peuvent en aucun cas se substituer au diagnostic
d'un médecin ; en cas de doute sur votre santé, consultez
un médecin.

>> **Préface** de l'auteur

Ces quatre programmes de la méthode Pilates sont un outil d'enseignement, d'accompagnement, d'information et, je l'espère, d'inspiration. Les exercices stimuleront votre corps et votre esprit en vous apportant bien-être et santé.

La méthode Pilates n'est pas seulement une nouvelle technique d'entraînement ; elle vous conduira à une certaine mentalité, une perspective, un style de vie. Si vous l'abordez dans ce sens, les résultats sont assurés.

Quand on m'a proposé ce projet, je me suis tout d'abord sentie submergée par son ampleur. Par où commencer ? Et c'est la connaissance de ma pratique qui m'a donné les moyens d'accomplir ce travail. Les exercices du Pilates sont en nombre limité – c'est en tout cas ce que l'on m'a enseigné –, tout comme les images et les mots doivent l'être dans cet ouvrage. L'intérêt de cette technique est que plus vous accédez à une compréhension profonde, plus vous en découvrez la fascinante complexité. Si vous comprenez véritablement l'essence de la méthode Pilates, vous trouvez toujours la réponse idéale en toute situation, sans avoir à chercher ailleurs : elle peut couvrir tous vos besoins. Grâce à une synthèse de mes vingt-cinq années de pratique, j'ai adopté une approche originale de cette technique brillante et intemporelle.

Ce projet a donné un nouvel essor à ma passion. Les inévitables contraintes de ce travail m'ont en fait totalement libérée. Quel luxe de pouvoir réinventer ce qui m'était si familier ! 15 minutes par jour avec la méthode Pilates propose une nouvelle approche de son véritable objectif, qui vise à améliorer votre quotidien – du tapis de sol jusqu'à la vie réelle ! Je vous présente quatre programmes distincts issus de l'enseignement originel. Globalement, la chorégraphie est du pur Pilates. L'ordre des exercices constitue des séquences puissantes et efficaces, signature du vrai travail de cette méthode. Pour les puristes, hélas, il n'existe pas de liste d'exercices pouvant servir de référence. Dans le meilleur des cas, nous rassemblons des souvenirs et des interprétations subjectives. J'aimerais tant que Joseph et Clara Pilates soient encore là pour partager leurs dons avec nous ; ils seraient si fiers que leur travail soit de plus en plus utilisé aujourd'hui.

Préface de sweatyBetty

Je crois que l'on peut avoir une vie saine, s'amuser, aimer les religieuses au chocolat et trouver qu'un survêtement est sexy !

Lorsque j'ai ouvert ma première boutique dans le quartier branché de Notting Hill à Londres, je n'avais pas beaucoup d'engagements. En dehors de mes horaires de travail, tout mon temps libre m'était consacré, et je pouvais facilement faire du sport, rester en forme et m'amuser. Aujourd'hui, avec un mari, trois enfants et une chaîne de boutiques à gérer, j'ai peu de temps pour moi.

Je suis la première à admettre que trouver un moment pour s'entraîner est souvent difficile, mais c'est essentiel si, comme moi, vous devez conjuguer vie professionnelle et vie familiale. Et, même s'il est peu probable que je coure un marathon, traverse la Manche à la nage ou escalade l'Everest un jour, je peux cependant faire en sorte de rester active et en forme.

Nous disposons tous de 15 minutes, plusieurs fois par semaine, confortablement installés dans nos maisons pour garder le contrôle de notre corps et de notre bien-être. Je vous encourage donc à abandonner votre canapé pour un peu d'action. Les bienfaits obtenus seront à la hauteur de vos efforts…

Tamara Hill-Norton

Fondatrice de sweatyBetty,

>> **Comment utiliser** ce livre

Bienvenue dans 15 minutes par jour avec la méthode Pilates. Ces quatre programmes valent bien un professeur à domicile. Ils vous offrent la flexibilité et l'aisance d'application qu'exige notre style de vie moderne. Cette technique vous permettra d'atteindre vos objectifs quotidiens.

J'adore les clichés. Il en est un qui me vient à l'esprit quand je considère la meilleure approche de ces programmes, qui est : « Sans préparation, vous risquez l'échec. » L'erreur la plus grossière à éviter est de vous lancer sans avoir lu le livre ni vu le DVD. La méthode Pilates est parfois complexe. Un exercice peut sembler se concentrer sur une partie du corps alors qu'il vise un objectif tout à fait différent.

Plusieurs outils sont à votre disposition afin d'en comprendre les détails. Le DVD est à utiliser en même temps que le livre ; pour renforcer l'efficacité des exercices présentés, le numéro des pages concernées s'affiche sur l'écran : reportez-vous au livre pour des instructions plus précises.

Sur chaque page, des photos ont capté l'essentiel de chaque exercice en détaillant une étape après l'autre. Quelques-uns nécessitent deux ou trois images, alors que pour d'autres une seule suffit ; pour certains, une petite photo illustre la position de départ. Vous trouverez sur quelques-unes des images l'annotation « zone de travail », afin de ne pas perdre de vue qu'il existe toujours un endroit différent du corps à faire travailler.

Les encarts à volet

Si je recevais un euro chaque fois qu'un client me demande s'il existe un tableau des exercices du Pilates, je serais riche ! Heureusement pour vous, j'ai inclus ici un encart à volet récapitulatif à la fin de chaque programme. Tout est là en un clin d'œil. Vous ne pourrez apprendre la pratique uniquement à partir de ces tableaux, car le nombre des images est réduit à une ou deux par exercice – c'est un simple pense-bête. Mais quand vous aurez regardé le DVD, lu le livre en entier et pratiqué chaque mouvement en profondeur, ces tableaux vous fourniront une aide précieuse. Si vous souhaitez des indications sur la fréquence des programmes ou la manière de les associer en séances plus longues, reportez-vous aux pages 116-117.

Toujours plus loin

▲ Pression du cou, page 94

▲ Rotations des épaules, page 94

▲ Les 100 pompages 2, page 95

▲ Les 100 pompages 2, page 95

▲ Le lotus, page 100

▲ Le lotus, page 100

▲ Élargissement du thorax, page 101

▲ Élargissement du thorax, page

Les encarts à volet En un coup d'œil, ils vous aideront à approfondir votre pratique dès que vous n'aurez plus besoin des photos pas à pas. Regardez à nouveau tout le programme avant de commencer.

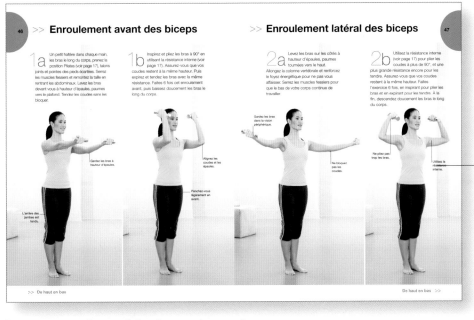

Les notes fournissent des repères, des conseils et des aperçus supplémentaires.

Les pages « pas à pas » Suivez les exercices pas à pas en travaillant dans le sens de la lecture. Assurez-vous de bien comprendre les positions initiale et finale avant d'aller plus loin.

Les encarts à volet montrent les étapes majeures du programme.

>> **Ce dont vous avez besoin**
pour démarrer

Certains passent un temps fou à se préparer pour leurs exercices, si bien qu'ils ne les font jamais. J'ai un badge qui dit : « Je n'ai pas la forme pour m'entraîner. » C'est une attitude négative très courante. Contrairement à ce que l'on pense, il est inutile de se préparer pour une séance. Il vous faut seulement décider de commencer.

Il suffit d'avoir des haltères de 0,5 à 1 kilo et un tapis moelleux. Certains exercices d'enroulement peuvent provoquer des contusions s'ils sont pratiqués sur une surface trop dure, aussi choisissez un tapis vraiment adapté au Pilates. Pour finir, ayez une serviette et de l'eau à portée de main, et vous serez fin prêt pour démarrer.

Voyons ensuite le côté vestimentaire. J'ai eu autrefois une élève ayant les genoux en dedans. Les jambes de son pantalon avaient un pli sur le devant ; spontanément, je lui ai demandé de se tenir de façon que les plis soient parallèles, et hop ! ses jambes se sont redressées, et le plus important, c'est qu'elle a pu le constater elle-même. Portez autant que possible des vêtements avec des rayures ou des coutures visibles. Vous remarquerez tout de suite les asymétries et les corrigerez naturellement.

Le Pilates se pratique normalement pieds nus. Or, dans bon nombre de gymnases et de clubs sportifs, le port de chaussures est obligatoire. Travailler pieds nus est parfait à la maison, mais ailleurs, pensez à mettre des chaussettes antidérapantes ou des chaussures légères afin de pouvoir pratiquer les exercices dans les meilleures conditions.

Où s'entraîner ?

Le seul obstacle de taille à tout entraînement, c'est d'être dérangé ; trouvez-vous donc un lieu et un horaire qui vous conviennent. Le Pilates peut se pratiquer dans

Un tapis spécifique au Pilates, une serviette de toilette et deux petits haltères de 0,5 à 1 kilo, voilà tout ce dont vous avez besoin pour commencer ces programmes. Assurez-vous aussi d'avoir un espace suffisant pour l'entraînement.

tout endroit où vous avez la place de vous allonger par terre, que ce soit à la maison, dans une salle de sport, ou même sur une pelouse ou à la plage, du moment que vous utilisez un tapis approprié.

L'instinct de conservation

Vous arrive-t-il d'entendre une petite voix intérieure qui vous dit d'arrêter ce que vous êtes en train de faire ? Lui obéissez-vous ? Si oui, vous êtes naturellement intuitif face au danger. Pour la plupart d'entre nous, le développement de l'intuition vient d'une succession de tâtonnements et d'erreurs. Voici quelques indications pour vous entraîner en toute sécurité :

1 Commencez avec un seul programme.

2 Pensez à boire. Si vous ressentez la soif, vous êtes déjà déshydraté.

3 Apprenez la différence entre effort et souffrance. L'effort est positif, mais la douleur signifie « stop ».

4 Si vous avez l'impression que quelque chose ne va pas, arrêtez.

Le vêtement peut être un soutien visuel pendant votre entraînement. Les rayures aident à avoir un bon alignement, et donc à améliorer votre silhouette.

> **>> Conseils pour** démarrer

- **Ne perdez pas de temps** à vous préparer à faire les exercices. Vous êtes prêt. Lancez-vous.

- **Si vous n'avez pas encore de tapis,** utilisez des couvertures pliées ou bien des serviettes. Une moquette épaisse peut également faire l'affaire.

- **Choisissez le moment de la journée** où votre énergie est au plus bas. Le simple fait de vous allonger pour un exercice fera circuler votre sang et vous donnera un coup de fouet.

>> **Le Pilates** de fond en comble

Le thérapeute mène ses patients à la conscience d'eux-mêmes. C'est une étape importante pour leur bien-être mental et émotionnel. De la même manière, un coach vous apprend à devenir physiquement conscient. En prenant connaissance de vos habitudes et des mécanismes de votre corps, vous entrez sur le chemin de la santé et du bien-être.

Votre corps est fantastique. La coordination requise pour des mouvements simples tels que plier un genou ou ouvrir la main est étonnante, et pourtant cela se fait sans que vous le remarquiez.

La méthode Pilates entraîne votre esprit à guider sciemment votre corps. Chacun des programmes vous demandera de prendre conscience de vos positions, de les ajuster et de remarquer ce que vous ressentez. De plus, vous devrez rester concentré sur l'ordre des exercices pour pouvoir constamment anticiper et préparer le mouvement suivant.

Cette connexion « esprit-corps » suggère en général des séances ni physiques ni rigoureuses n'ayant rien à voir avec le Pilates. Le fait d'anticiper consciemment les exercices ne rend pas le travail plus doux pour les muscles, bien au contraire. Selon le regretté Friedrich von Schiller, « C'est l'esprit lui-même qui construit le corps. » Joseph Pilates (voir pages 122-123) adorait ce concept.

Apprendre de nouveaux schémas

Notre cerveau est fait pour apprendre. Quand nous exploitons de nouvelles capacités, des connexions se créent entre des cellules auparavant indépendantes. La répétition en est la clé. Chaque fois que vous faites un enroulement des abdominaux correct, vous fixez une connaissance, qui vous facilitera le mouvement les jours suivants. En résumé, les cellules qui travaillent ensemble restent en contact.

La méthode Pilates encourage ce dialogue entre l'esprit et le corps. Vous apprendrez à diriger vos actions de la gamme la plus grossière à la gamme la plus fine pour que vos résultats soient amplifiés et accélérés.

>> **Faites** un effort

- **Observez votre corps** durant la journée. La conscience de soi est la clé d'une bonne santé. C'est en prêtant attention à vos mouvements que vos séances d'exercices s'amélioreront.

- **S'exercer est une activité.** Ce n'est pas quelque chose qui vient tout seul – vous devez créer l'événement.

- **Cela demande plus d'énergie d'éviter** quelque chose que de le faire. Ne perdez pas de temps en vaines excuses. Lancez-vous, au travail !

Votre corps selon Pilates

Au fil des pages de ce livre et de vos progrès, vous trouverez des instructions et des indications sur les parties du corps. Les schémas ci-contre fournissent un guide de référence pratique. Pour plus de facilité, nous avons choisi des schémas en transparence plutôt que des planches anatomiques. La nomenclature permet à l'esprit de saisir plus rapidement ce qui vous est demandé, aussi apprenez-la pour l'utiliser tout au long de votre progression.

Apprenez cette nomenclature simple des parties du corps. Connaître votre anatomie vous aidera à identifier les points forts ainsi que les points sensibles de votre corps.

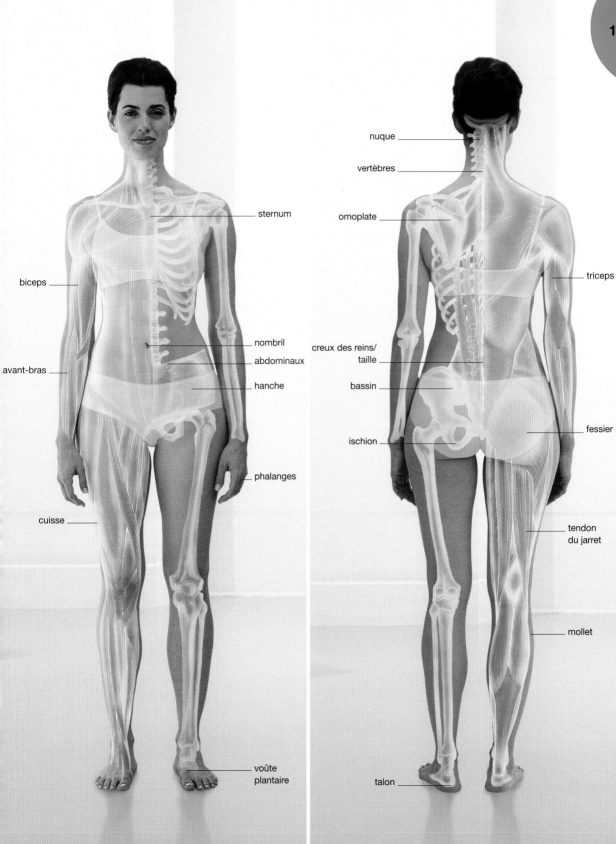

sternum

nuque

vertèbres

omoplate

biceps

triceps

nombril

creux des reins/
taille

abdominaux

avant-bras

bassin

hanche

fessier

ischion

phalanges

cuisse

tendon
du jarret

mollet

voûte
plantaire

talon

>> **Les concepts** du Pilates

Votre technique et votre silhouette peuvent constamment s'améliorer. Comme le musicien qui s'exerce inlassablement, votre entraînement avec la méthode Pilates se fera de plus en plus aisément. Comparez-le à l'apprentissage d'une langue étrangère : vous découvrez d'abord les mots, puis vous formez des phrases, et enfin vous travaillez votre accent. Commençons donc dès maintenant par quelques mots.

Avant de vous lancer dans la méthode Pilates, vous devez vous familiariser avec ses six principes fondamentaux, qui vont fournir un objectif et une substance à votre entraînement, et vous aider à l'intégrer dans votre vie pour gagner en force et en santé. Souvenez-vous que les bienfaits du Pilates s'étendent bien au-delà du simple entraînement sportif.

Le contrôle

C'est le principe de base ; d'ailleurs, Joseph Pilates appelait sa méthode « contrôlogie ». L'importance qu'il accordait au mouvement conscient venait des disciplines orientales et occidentales, qu'il avait passé de nombreuses années à étudier. Tout en travaillant, vous devez contrôler vos muscles, vos positions et vos rythmes. Votre corps est un outil, et en le maîtrisant vous optimisez ses résultats.

Le centrage

C'est un concept assez vague dans l'esprit de nombreuses personnes. Cela provient de l'idée que tout mouvement commence au milieu du corps. Je pense que Joseph Pilates partait du principe qu'il faut « stabiliser avant de mobiliser ». Dans sa méthode, on renforce d'abord le centre, puis le mouvement s'étend vers les extrémités. De plus, le centrage comporte un élément énergétique : c'est comme si vous alliez chercher toute l'énergie de vos organes internes pour la projeter dans vos membres. En résumé, il s'agit de sortir de soi-même.

> ## >> **Conseils pour** un succès infaillible
>
> - **N'analysez pas trop.** Le Pilates est complexe, mais c'est un système fondé sur le mouvement, donc bougez à tout prix.
>
> - **Le travail fait partie de votre vie.** Fournissez le même effort que pour vos autres activités.
>
> - **Ne faites rien de plus :** le travail intérieur va modeler l'extérieur de votre corps.
>
> - **Tenez bon !** Si un exercice vous semble facile, c'est que vous ne travaillez pas assez dur.
>
> - **Ne cherchez pas à savoir** à quoi sert un exercice. Comme le disait Jospeh Pilates : « C'est bon pour le corps. »

La concentration

C'est la clé du Pilates. Sans une concentration totale, les exercices ne sont que moyennement bénéfiques. Elle élève l'intensité du travail et porte vos résultats à un niveau nettement supérieur.

La précision

Alors que les autres principes s'appliquent globalement, la précision vient réunir et renforcer l'ensemble. Le fait de prêter attention au moindre détail, c'est ce qui rend le Pilates si efficace.

La respiration

C'est un point important du Pilates. De nombreuses personnes s'intéressent à cette méthode parce qu'elles ont entendu dire que c'était une technique respiratoire. Vous apprendrez à utiliser votre souffle au cours des programmes, mais ce n'est pas leur but essentiel. En règle générale, il s'agit d'inspirer en préparant un mouvement et d'expirer en l'exécutant.

La fluidité du mouvement

C'est un élément qui se met en place assez tardivement dans la pratique, mais qui peut intervenir rapidement malgré tout. En apprenant chaque exercice, assurez-vous de l'exécuter de manière fluide, sans transition. Vous arriverez à la longue à créer votre enchaînement en continu.

L'économie de mouvement

Des idées supplémentaires, comme la symétrie, l'équilibre ou l'intégration, se font jour lorsque les instructeurs apportent leur propre contribution au Pilates. Toutes sont intéressantes, mais Joseph Pilates exigeait que son travail soit succinct ; donc, en établissant ses règles de base, il a préféré les mouvements clés et les concepts cruciaux. Ses six principes fondamentaux intègrent les dizaines d'idées et de concepts en jeu dans sa méthode.

Du tapis de sol à la vie réelle

Maintenant que vous connaissez les six principes, pensez à les appliquer. Les concepts de contrôle, de précision et de respiration peuvent vous être utiles n'importe où et à tout moment. Votre entraînement doit devenir un reflet de votre façon de vivre. Même si vous n'exécutez jamais aucun de ces programmes, il vous sera toujours possible de changer votre style de vie en tenant compte des principes clés.

L'entraînement en solo doit être aussi concentré que le travail avec un coach. Apprenez à être votre propre entraîneur en vous donnant le signal de départ et en vous corrigeant constamment.

>> **Le Pilates** de la tête aux pieds

Maintenant que nous avons découvert l'idéologie du Pilates et l'approche qu'il vous faut avoir pour réussir, passons en revue les principes physiques présents dans les programmes de cette série. Certains éléments dans les positions sont spécifiques au Pilates. Commençons par le haut du corps. .

Pour garder le cou bien droit pendant les exercices des abdominaux, imaginez que votre tête est posée sur un support surélevé. La courbe doit être naturellement allongée des deux côtés. Évitez les craquements du cou et les tensions dans la gorge.

La respiration dans la méthode Pilates est spéciale. Les abdominaux doivent travailler constamment contractés pour la diriger à la fois vers le haut et vers le bas. Sentez que vos poumons s'élargissent jusqu'au-dessus des clavicules. Pratiquez la respiration latérale, en ouvrant la cage thoracique sur les côtés et en la rentrant sur l'expiration.

Sous la taille

Les enseignants de la méthode Pilates utilisent diverses appellations pour les abdominaux, comme « le cœur », « le centre ou le foyer énergétique ».

Pratiquez la respiration latérale en posant les mains de chaque côté de la cage thoracique. Sur l'inspiration, elles doivent s'écarter.

Sentez les côtes se rétrécir sur l'expiration. Les mains se rapprochent. Gardez les abdominaux contractés.

abdominaux contractés

abdominaux relâchés

Le « creux Pilates » active la ceinture abdominale. Gardez la taille haute et rétrécie. Ne la laissez jamais retomber.

Peu importe la désignation, force et contrôle sont toujours issus du milieu de votre torse. Votre centre comprend les muscles abdominaux, les fessiers et les lombaires.

Le « creux Pilates » est la signature de la méthode. Même si vous avez du mal à contracter les abdominaux, vous ne devez jamais garder un ventre proéminent.

L'alignement vertébral optimal nécessite de positionner votre colonne vertébrale afin de préserver ses courbes naturelles. Pour cela, quand vous êtes allongé pour vos exercices des abdominaux, essayez de ne pas arrondir ni creuser le bas du dos, mais de l'allonger. Vos muscles se renforceront et vous soutiendront.

De plus, quand vous travaillez vos fessiers, pensez à serrer les muscles des fesses et du haut des cuisses pour soutenir la colonne vertébrale.

La position Pilates ne vient pas des pieds, contrairement à ce que l'on pourrait croire. Le mouvement part des hanches, les fessiers et le haut des cuisses travaillant ensemble pour pivoter et s'enrouler, ce qui cause une légère ouverture des pieds en « V ».

Perfectionnez les détails
Concentrez-vous sur la symétrie tout en travaillant. Visualisez votre torse dans un rectangle, des épaules aux hanches. S'il est d'équerre, vous êtes aligné. Il vous faut également travailler dans votre « cadre », c'est-à-dire garder vos membres à l'intérieur de votre vision périphérique et ne jamais dépasser vos limites articulatoires de confort.

N'oubliez jamais que le Pilates développe la force. Pour optimiser ses bienfaits, vous devez trouver une résistance, fournie à la fois par la gravité et par vos positions. Mais la plus importante est celle que vous créez à l'intérieur. Votre enchaînement tout entier doit inclure cette résistance interne.

L'opposition est le dernier élément vital de votre pratique. Pour chaque action, il existe une réaction opposée de force égale. Il en est ainsi avec la méthode Pilates. En vous étirant vers le haut, vous devez vous ancrer dans le sol. Par l'utilisation de l'opposition directe, vous trouverez force et stabilité en votre centre pour modeler votre corps.

Pour le travail abdominal, gardez le cou droit et allongé, sans tirer sur le menton ni forcer sur la gorge. C'est la force abdominale qui soulève votre tête.

Pratiquer des exercices sur le dos est délicat pour la colonne vertébrale. En travaillant vos abdominaux, étirez-la au lieu de la laisser s'enrouler.

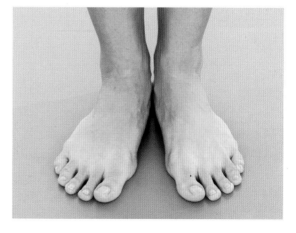

Dans la position Pilates, les talons se touchent et les pointes s'écartent. Cela se produit par l'activation et la rotation des muscles fessiers et du haut des cuisses.

15 minutes

Se concentrer sur le contrôle.
Activer le foyer énergétique.
Apprendre l'enchaînement
de base.

Jour après jour >>

>> **Jour** après jour

Ce programme est le premier ensemble de mouvements que vous avez à apprendre. Répétez-le autant que possible chaque jour. Si vous ne pouvez faire qu'un seul programme, privilégiez celui-ci. Cet enchaînement, devenu un classique, contient tous les bénéfices de la méthode Pilates et peut servir de base à tous les autres programmes.

Votre objectif est d'apprendre à bouger selon les six principes et les directives physiques du Pilates (voir pages 14-17). Nous commençons le programme par quelques exercices spécifiques des abdominaux qui vont vous aider à respirer correctement et à utiliser vos muscles de manière efficace. Le reste de l'enchaînement est celui que Joseph Pilates a développé. Puis nous terminons par un exercice d'enroulement qui peut vous paraître inaccessible au premier abord, mais qui, à la longue, deviendra possible.

Le début et la fin

Initiez-vous aux mouvements de plusieurs façons. Tout d'abord, passez en revue la position des parties de votre corps et ajustez-la si nécessaire. Ensuite, inspirez avant de bouger un muscle. Enfin, activez votre foyer énergétique (vos abdominaux), afin de le stabiliser et de libérer vos membres pour qu'ils puissent travailler.

Pour terminer un exercice, prolongez la position finale comme si vous posiez pour un photographe, mais, au lieu de vous immobiliser, essayez d'exagérer les points importants. Cherchez un étirement plus profond, un allongement de la jambe, un creusement plus marqué de l'abdomen.

Les transitions

Ayez pour but de passer d'un exercice à l'autre dans l'élégance et la précision. Les images sur la page ci-contre illustrent les mouvements à exécuter pour des transitions correctes. Passez de la position allongée à assise en enroulant vos vertèbres, et de la position assise à allongée en les déroulant. Si vous trouvez cela trop difficile, roulez simplement sur le côté dans l'un et l'autre cas.

D'un mouvement à l'autre

Voici le moyen d'effectuer une transition douce. Pour passer de la position allongée à la position assise, roulez sur le côté, poussez sur les mains et relevez-vous. Pour l'inverse, roulez également sur le côté et descendez progressivement le haut du corps jusqu'au tapis, puis étendez-vous sur le dos.

Si votre foyer énergétique est assez solide, faites la transition de la position assise à la position allongée en inclinant le coccyx, puis en posant progressivement les vertèbres sur le tapis. Pour vous redresser, posez vos mains sous les cuisses et enroulez la colonne vertébrale sans soulever les pieds.

>> Éveil des abdominaux

1a Allongez-vous sur le dos, genoux repliés, les mains sur les abdominaux. Assurez-vous d'avoir le cou étiré, les épaules basses, et que votre « cadre » soit bien d'équerre (voir page 17). Inspirez profondément en laissant votre ventre se gonfler ; vos mains se soulèvent pendant l'inspiration.

Les jambes se touchent.

Les mains doivent se soulever.

1b Expirez à fond, videz les poumons et contractez les abdominaux, sans faire saillir les côtes ni s'affaisser les épaules. Rentrez seulement le ventre en laissant la taille se creuser. Faites l'exercice 4 fois, en expirant plus longuement et en contractant de plus en plus profondément vos abdominaux.

Les côtes ne sont pas saillantes.

Le cou est allongé.

$2a$ Les jambes toujours jointes et pliées, et les pieds solidement enfoncés dans le sol, allongez les bras le long du corps en les soulevant légèrement du tapis. Rentrez les abdominaux en les tirant vers le haut. Préparez-vous à l'enroulement en inspirant à fond.

Contractez les abdominaux.

Soulevez légèrement les bras du tapis.

$2b$ Expirez et, sans gonfler le ventre, enroulez la tête, le cou et les épaules en les décollant du tapis. Tendez les bras vers l'avant tout en regardant à l'horizontale. Revenez lentement en position allongée sur l'inspiration. Faites l'exercice 4 fois en tirant sur les abdominaux de plus en plus fort.

Regardez à l'horizontale.

Contractez de plus en plus les abdominaux.

>> Les 100 pompages 1

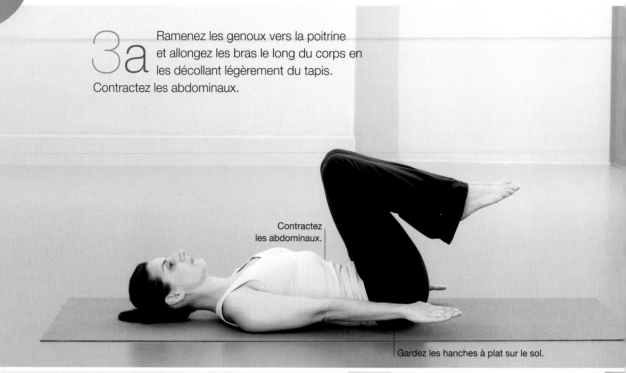

3a Ramenez les genoux vers la poitrine et allongez les bras le long du corps en les décollant légèrement du tapis. Contractez les abdominaux.

Contractez les abdominaux.

Gardez les hanches à plat sur le sol.

3b Redressez le haut du corps en l'enroulant. Montez les tibias pour qu'ils soient parallèles au sol. Puis faites avec les bras de petits mouvements vigoureux vers le haut et vers le bas, en inspirant sur 5 va-et-vient et en expirant sur 5 autres. Continuez jusqu'à 100, avec de brèves pauses si nécessaire. Assurez-vous que les abdominaux sont rentrés ; le torse est stable et robuste.

Les jambes forment un angle droit.

Allongez les doigts.

>> **Enroulement arrière du dos 1**

4a Asseyez-vous, le dos droit ; les jambes écartées et les pieds à plat, puis posez les mains sous vos cuisses. Expirez en dirigeant le bas de votre dos vers le tapis, ce qui enroule naturellement les vertèbres et creuse les abdominaux.

Descendez les épaules.

Levez la poitrine.

4b Continuez à enrouler le bassin pour poser le bas du dos au sol. Les jambes restent immobiles. Arrêtez-vous au point le plus bas et prenez 3 respirations complètes en creusant chaque fois un peu plus les abdominaux. Expirez en pliant la taille pour reprendre votre posture initiale, le dos bien droit, puis recommencez une fois.

Zone de travail.

Pliez la taille.

>> Rotations de la jambe

5a Allongez-vous sur le dos, jambes tendues. Pliez la jambe droite, puis tendez-la vers le plafond. Maintenez le reste du corps solidement au sol, en étirant les genoux et en appuyant les épaules sur le sol. Penchez la jambe levée vers la gauche.

Levez la jambe, puis croisez-la par-dessus l'autre jambe.

Enfoncez les triceps dans le sol.

5b Continuez à tracer un cercle avec la jambe levée et revenez au centre. Recommencez 4 fois dans le même sens et 5 fois dans l'autre. Pliez le genou et reposez la jambe, puis reprenez toute l'opération avec la jambe gauche.

Gardez la hanche de la jambe au sol bien stable.

La jambe au sol reste bien droite.

6a Asseyez-vous et soulevez les deux jambes ; soutenez-les en attrapant l'arrière de vos cuisses. Les tibias sont parallèles au sol. Gardez la poitrine haute et creusez les abdominaux. Ouvrez bien les épaules et allongez les pieds.

Les genoux et les pieds sont alignés.

Creusez les abdominaux.

6b Basculez le bassin, puis utilisez les abdominaux pour descendre un peu plus. Une fois votre limite atteinte, contractez encore les abdominaux et pliez la taille pour vous enrouler vers l'avant. Redressez-vous et recommencez 3 fois. Ne reposez les pieds qu'à la fin de l'exercice.

Enroulez le bas de la colonne vertébrale.

Contractez les abdominaux.

>> Étirement de la jambe

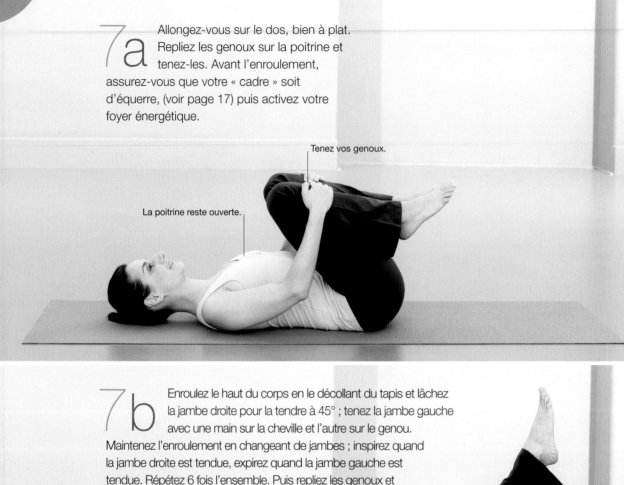

7a Allongez-vous sur le dos, bien à plat.
Repliez les genoux sur la poitrine et
tenez-les. Avant l'enroulement,
assurez-vous que votre « cadre » soit
d'équerre, (voir page 17) puis activez votre
foyer énergétique.

Tenez vos genoux.

La poitrine reste ouverte.

7b Enroulez le haut du corps en le décollant du tapis et lâchez
la jambe droite pour la tendre à 45° ; tenez la jambe gauche
avec une main sur la cheville et l'autre sur le genou.
Maintenez l'enroulement en changeant de jambes ; inspirez quand
la jambe droite est tendue, expirez quand la jambe gauche est
tendue. Répétez 6 fois l'ensemble. Puis repliez les genoux et
reposez le haut du corps au sol.

Attention à la position
des mains.

La jambe est allongée.

8 Relevez le haut du corps en l'enroulant et serrez vos jambes pliées sur la poitrine. Inspirez en tendant simultanément les bras et les jambes. Sur l'expiration, ramenez-les en position serrée. Faites l'exercice 5 fois en gardant le haut du corps surélevé.

Montez les jambes à 45°.

Gardez les bras à hauteur des hanches.

9 Recommencez comme précédemment, mais en tendant les bras vers l'arrière, à 45°, comme les jambes. Contractez plus profondément les abdominaux au fur et à mesure des 5 répétitions de la séquence, puis relâchez.

Montez les bras à 45°.

Contractez les abdominaux.

>> Étirement de la colonne vertébrale

10a
Asseyez-vous bien droit, les jambes tendues et légèrement plus écartées que la largeur du bassin. Tendez les bras devant vous à hauteur d'épaules et pointez les pieds vers le haut. Sur l'inspiration, serrez les fessiers pour avoir la sensation de vous soulever du tapis.

Baissez les épaules.

Les orteils pointen vers le haut.

10b
Expirez lentement en baissant la tête entre les bras pour étirer le dos. Creusez la taille en vous penchant en avant. Inspirez en vous redressant. Faites le mouvement 4 fois, en vous grandissant le plus possible à la fin.

Tirez la taille en arrière.

Amenez la tête entre les bras.

11 Allongez-vous sur le ventre, les bras repliés et les mains à hauteur d'épaules. En respirant normalement, allongez la colonne vertébrale en baissant vos épaules loin de vos oreilles. Prolongez le mouvement de manière à décoller le haut du corps du tapis en poussant sur vos mains. Utilisez les muscles de l'estomac comme soutien. Descendez en contrôlant, puis recommencez 2 fois.

Les jambes peuvent se séparer.

Amenez les coudes à 90°.

12 En position du cygne, tournez la tête à droite, faites-la pivoter vers la gauche en baissant le menton, puis revenez au centre en regardant bien en face. Changez de sens et répétez. Faites ainsi 3 rotations du cou, puis descendez en contrôlant.

Étirez le cou.

Gardez le poids du corps au centre.

>> La position de l'enfant/ soulèvement du bassin

13 Poussez les fesses vers l'arrière pour vous asseoir sur les talons, le dos arrondi, les mains à plat loin devant vous. Ouvrez un peu les genoux pour permettre à votre buste de se placer entre eux. Gardez les abdominaux rentrés pendant que vous pratiquez 3 respirations profondes. Sur chaque inspiration, essayez d'étirer et de relâcher les muscles du bas du dos. Sur chaque expiration, remontez le plus possible le nombril. Puis déroulez-vous doucement pour vous asseoir.

Étirez les mains en avant.

Ouvrez les genoux.

14 Allongez-vous sur le dos, genoux pliés et jambes écartées de la largeur des hanches. Ouvrez la poitrine, baissez les épaules et allongez la colonne vertébrale. Inspirez en soulevant les hanches sans arrondir le dos. Expirez en descendant une vertèbre après l'autre. Faites cet exercice 4 fois.

Zone de travail.

Étirez les genoux en avant.

Ne sortez pas les côtes.

Jour après jour >>

Jour après jour

▲ **Éveil des abdominaux,**
page 22

▲ **Éveil des abdominaux,** page 22

▲ **Enroulements des abdominaux,**
page 23

▲ Enroulements des

▲ **Étirement de la jambe,**
page 28

▲ **Étirement de la jambe,** page 28

▲ **Étirement des jambes 1,**
page 29

▲ **Étirement des jambes 2,** page 29

3a

▲ **Les 100 pompages 1,** page 24

3b

abdominaux, page 23

▲ **Les 100 pompages 1,** page 24

10a

▲ **Étirement de la colonne vertébrale,** page 30

10b

▲ **Étirement de la colonne vertébrale,** page 30

15a

Asseyez-vous sur vos ischions, repliez les jambes contre votre poitrine et attrapez vos chevilles. Vos pieds ne touchent pas le sol. Baissez la tête entre vos genoux, basculez le coccyx vers l'avant et commencez à rouler en arrière.

Tenez fermement vos chevilles.

Gardez la tête entre les genoux.

15b

Continuez de rouler sur votre colonne vertébrale jusqu'aux omoplates, puis revenez au point de départ. Utilisez les abdominaux pour contrôler, surtout au retour. Roulez bien sur chaque section de votre colonne vertébrale. Répétez 5 fois, en inspirant quand vous roulez en arrière et en expirant quand vous roulez en avant.

Les pieds se rapprochent des fesses.

Les ischions pointent vers le plafond.

Ne roulez pas sur le cou.

15 minutes **Bilan**

>> Suppléments

Le plus important dans ce programme est de vous assurer de le pratiquer.

Une fois l'enchaînement mémorisé, il prendra moins de temps et d'effort.

Pour vous souvenir de l'ordre des exercices, écrivez leurs noms ou

chantonnez-les sur un air familier.

>> Vérifions

Passez vos mouvements en revue selon les six principes énoncés. La chorégraphie de chacun d'eux est moins importante que sa qualité.

• Au cours de ce programme, avez-vous pratiqué les transitions douces entre les exercices pour minimiser le mouvement ?

• Avez-vous réussi à creuser les abdominaux pour les tirer vers l'intérieur au lieu de les gonfler ?

• En vous enroulant, avez-vous été capable de contracter complètement les abdominaux ?

• Pendant Les 100 pompages 1, avez-vous su garder le haut de votre corps à la même hauteur en résistant au tremblement ?

• Pour les Rotations de la jambe, les hanches doivent être stables. Avez-vous réussi ?

• Avez-vous pu isoler le bassin dans l'Enroulement arrière du dos 2 pour qu'aucune autre partie du corps ne bouge ?

• L'Étirement de la colonne vertébrale doit donner la sensation que le corps reste fixé à un mur alors que le haut du dos s'en décolle. L'avez-vous ressenti ?

• Le Soulèvement du bassin est une variante de l'exercice Pilates nommé Respiratoire. Avez-vous pu sentir chaque segment de votre colonne vertébrale en redescendant les hanches sur le sol ?

• Rouler comme une balle est un exercice de contrôle. Avez-vous pu tenir l'équilibre un instant entre chaque répétition ?

>> Modifier / ajuster

Il vous sera plus profitable de perfectionner votre silhouette à un niveau moins avancé que de pousser votre corps au-delà de ses possibilités. Effectuez les modifications nécessaires.

• Changez la position de la jambe au sol en pliant le genou pendant que vous faites les Rotations de la jambe.

• Écartez un peu les jambes quand vous êtes allongé sur le ventre pour atténuer la pression sur le bas du dos.

• Baissez la tête pour éviter une tension dans le cou pendant les exercices avec la tête relevée.

• Tenez vos genoux au lieu des chevilles.

>> Défis

Si vous ajoutez des défis, faites-le graduellement. Ce travail est censé vous servir toute la vie.

• Pensez à faire durer la position finale de chaque exercice pour perfectionner votre position et optimiser vos résultats.

• Essayez d'augmenter la résistance en créant une pression interne dans vos muscles quand ils poussent ou tirent contre la gravité.

• Variez la vitesse en ralentissant les mouvements les plus difficiles de chaque exercice – ne les bâclez pas.

• Cherchez à étirer les jambes en diminuant l'angle au sol tout en gardant les abdominaux rentrés pendant les étirements des jambes.

• Utilisez la transition enroulée plutôt que de rouler sur le côté.

>> Petits conseils

L'objectif de ce programme est de vous faire connaître votre corps. Concentrez-vous sur les zones sensibles pendant les exercices.

• L'enchaînement est la clé. Cessez de bouger entre les exercices et votre corps oubliera qu'il est en train de travailler. Quoi qu'il se passe, continuez de bouger.

• Tout mouvement a un contre mouvement, – quand vous vrillez le torse, vous avez un côté qui tire en arrière pendant que l'autre tire en avant. Faites attention à ces moments d'opposition naturelle au cours de chaque exercice.

• En vous enroulant, imaginez quatre points reliant vos côtes et vos hanches et se resserrant pour faire rentrer les abdominaux.

15 minutes

De haut
en bas >>

Concentrez-vous sur le centrage.
Activez votre « cadre ».
Apprenez le Pilates avec des haltères.

>> **De haut** en bas

Ce programme présente des exercices en position debout et se pratique presque exclusivement avec des haltères. J'ai structuré cet enchaînement pour montrer que le Pilates ne se limite pas au tapis de sol. C'est un travail qui non seulement va vous permettre de vous relever, mais qui va également vous inciter à vous entraîner n'importe où.

Nous commençons par une série d'exercices pour le haut du corps et les bras, exécutés dans la position Pilates. Puis vous travaillerez en dos plat, ce qui demande coordination et alignement et fortifie le foyer énergétique, avant de revenir à la station debout. La série suivante, plus difficile, vous demande d'être tout à fait stable dans des mouvements qui visent à vous plier, vous bouger et vous déplacer. Nous terminons l'enchaînement par quelques pompes Pilates et un exercice de souffle bien connu, Le moulin à vent.

Le début et la fin

Pour commencer, il vous faut prendre une position Pilates très solide (voir page 17). Tout l'arrière de la jambe doit être tendu par la contraction intense des fessiers et des tendons du jarret. Le corps s'incline légèrement en avant pour les exercices en position debout, comme s'il était « poussé par le vent ». Cette posture vous demande de porter légèrement votre poids sur l'avant des pieds ; vous devrez la prendre dans chaque exercice en position debout.

À la fin de ce programme, nous retrouvons un exercice classique de respiration. Afin d'améliorer le contrôle du souffle lors de ce travail, Joseph Pilates a développé une technique spéciale, que nous n'utiliserons pas ici ; cependant, il nous faudra penser à expulser complètement l'air de nos poumons avant d'inspirer de nouveau.

Les transitions

Pour relier entre eux les exercices avec les haltères, il faut garder le torse stable et ferme, et faire des mouvements de bras fluides. Dans les exercices avec le dos plat, enchaînez en arrondissant la colonne

>> **Les clés** du succès

- **Profitez de L'Étirement Latéral** pour insister sur l'opposition. En vous étirant vers le haut, ancrez le côté opposé profondément dans le sol.

- **Les Pompes sont le mouvement idéal** pour travailler l'alignement dorsal. Une fois dans la position de la planche, gardez votre dos sur une ligne droite allant des hanches jusqu'au sommet de la tête.

- **Les Cercles concentriques des bras** renforcent l'idée d'une stabilité avant la mobilité. Il vous faut résister à tout prix à la tentation de trembler et de vaciller.

vertébrale comme si vous fondiez sur vos jambes. À partir de votre étirement le plus penché, redressez le dos en le déroulant de bas en haut. Dans cette série, vous passerez de la station debout à la posture pliée en deux, puis arrondie. Quelle que soit la position de votre corps, veillez à placer votre poids sur la plante des pieds ; ne basculez ni sur les talons ni sur les orteils. Comme tous les autres mouvements Pilates, ces transitions sont réfléchies et précises.

Le programme « De haut en bas » semble se concentrer sur le haut du corps uniquement. Avec la pratique, cependant, il devient de plus en plus évident que tout exercice Pilates fait travailler le corps dans son ensemble.

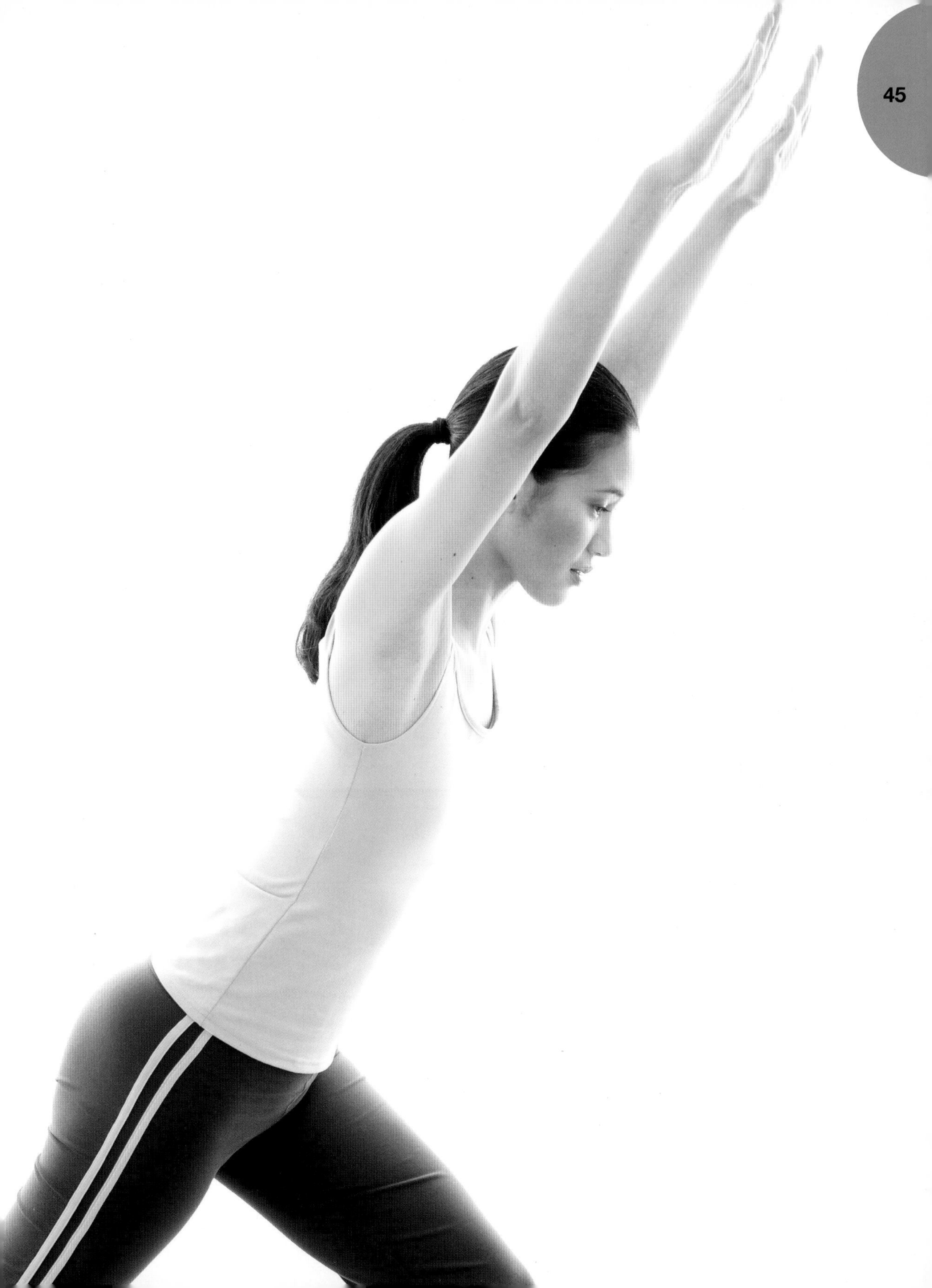

>> Enroulement avant des biceps

1a Un petit haltère dans chaque main, les bras le long du corps, prenez la position Pilates (voir page 17), talons joints et pointes des pieds écartées. Serrez les muscles fessiers et remontez la taille en rentrant les abdominaux. Levez les bras devant vous à hauteur d'épaules, paumes vers le plafond. Tendez les coudes sans les bloquer.

1b Inspirez et pliez les bras à 90° en utilisant la résistance interne (voir page 17). Assurez-vous que vos coudes restent à la même hauteur. Puis expirez et tendez les bras avec la même résistance. Faites 6 fois cet enroulement avant, puis baissez doucement les bras le long du corps.

Gardez les bras à hauteur d'épaules.

Alignez les coudes et les épaules.

Penchez-vous légèrement en avant.

L'arrière des jambes est tendu.

2a
Levez les bras sur les côtés à
hauteur d'épaules, paumes
tournées vers le haut.
Allongez la colonne vertébrale et renforcez
le foyer énergétique pour ne pas vous
affaisser. Serrez les muscles fessiers pour
que le bas de votre corps continue de
travailler.

2b
Utilisez la résistance interne
(voir page 17) pour plier les
coudes à plus de 90°, et une
plus grande résistance encore pour les
tendre. Assurez-vous que vos coudes
restent à la même hauteur. Faites
l'exercice 6 fois, en inspirant pour étendre
les bras et en expirant pour les plier. À la
fin, descendez doucement les bras le long
du corps.

Gardez les bras
dans la vision
périphérique.

Ne bloquez
pas les
coudes.

Ne pliez pas
trop les bras.

Utilisez la
résistance
interne.

>> Remonter la fermeture Éclair

3a
Tournez les paumes des mains vers l'extérieur en tenant les haltères par une extrémité. Creusez et remontez les abdominaux, serrez l'arrière des jambes et placez bien le poids du corps vers l'avant, tout en gardant les talons à plat. Inspirez pour vous préparer.

3b
En expirant, ouvrez grands les coudes et montez les haltères jusque sous le menton, en gardant le cou allongé et les épaules basses. Puis descendez les haltères comme si vous repoussiez un objet lourd. Faites l'exercice 6 fois, en inspirant pour monter les haltères et en expirant pour les baisser.

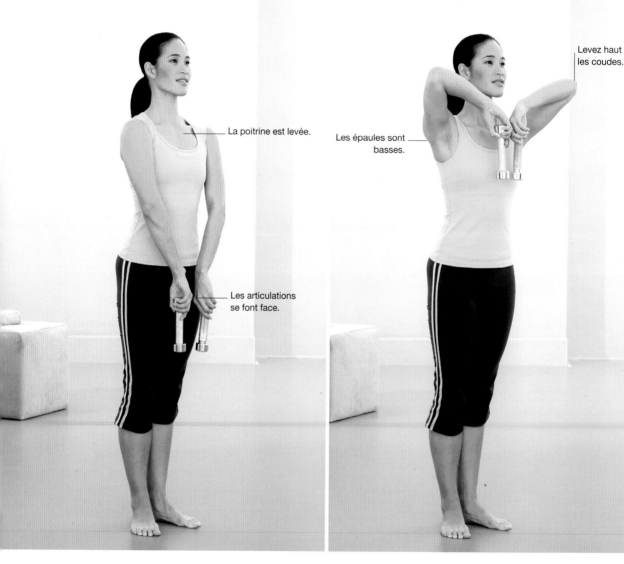

La poitrine est levée.

Les articulations se font face.

Levez haut les coudes.

Les épaules sont basses.

>> **Va-et-vient vertical**

4a En tenant toujours les haltères par une extrémité, placez-les derrière votre tête, le long de la nuque. Pointez légèrement le menton vers le bas et assurez-vous de garder les coudes largement ouverts. Vos pieds gardent la position Pilates avec les jambes pressées l'une contre l'autre. Penchez le corps en avant comme si vous étiez « poussé par le vent ».

4b Sans bloquer les coudes, tendez les bras vers le haut. Activez votre foyer énergétique. Vos doigts se touchent au-dessus de votre tête. Descendez les haltères en utilisant la résistance interne (voir page 17). Faites le mouvement 6 fois, en expirant pour tendre les bras et en inspirant pour les descendre.

Pointez le menton vers le bas.

Les côtes ne sont pas saillantes.

Les doigts se touchent.

Ne gonflez pas la cage thoracique.

>> La boxe

5a Tenez-vous droit, les bras le long du corps, les pieds écartés de la largeur des hanches. Tenez les haltères par leur centre. Pliez les genoux, puis penchez le buste en gardant le dos droit et allongé. Ramenez les bras le long des côtes en gardant les coudes collés au corps. Contractez les abdominaux sans modifier votre posture. Inspirez pour vous préparer.

5b Expirez en tendant simultanément le bras droit en avant et le gauche en arrière dans un mouvement de boxeur. Inspirez en revenant à la position initiale. Faites le mouvement 6 fois, en alternant les bras et en créant de la résistance. Puis enroulez-vous vers le bas en étirant le dos et les jambes, et déroulez-vous lentement pour revenir en position debout.

Les ischions pointent vers l'arrière.

Remontez les haltères vers les épaules.

Contractez les abdominaux.

Ne vous appuyez pas sur les talons.

>> **Le battement d'ailes**

6a Tenez-vous debout, bien droit les haltères en main et les jambes parallèles. Pliez les genoux et penchez-vous en avant en gardant la colonne vertébrale droite et le dos plat. Arrondissez vos bras devant vous, les poings se rejoignant. Activez votre foyer énergétique et inspirez pour vous préparer.

6b Expirez et levez les bras de chaque côté. Ne changez rien d'autre à votre position. Inspirez en descendant les bras comme si vous pressiez quelque chose. Faites 3 fois ce mouvement, puis répétez-le 3 autres fois en levant les bras sur l'expiration et en les baissant sur l'inspiration. Puis enroulez-vous vers le bas pour relâcher la colonne vertébrale.

Pliez bien les genoux.

Arrondissez vos bras.

Gardez les bras dans l'alignement de la colonne vertébrale.

Zone de travail.

>> Étirements des triceps

7a Tenez-vous droit, les jambes parallèles, les haltères en main. Penchez-vous en avant, le dos bien plat, et ramenez les haltères vers la poitrine en montant les coudes légèrement au-dessus du dos. Activez les abdominaux et inspirez.

7b Expirez en tendant les bras en arrière, tout en maintenant solidement votre foyer énergétique. Repliez-les lentement en contrôlant, comme si vous tiriez à vous quelque chose de lourd. Faites le mouvement 6 fois. Tendez les jambes, relâchez les bras, puis enroulez et déroulez la colonne vertébrale.

Montez les coudes un peu au-dessus de la colonne vertébrale.

Les yeux regardent au sol.

Étirez les triceps.

Gardez les genoux bien pliés.

>> Cercles concentriques des bras

8a Debout dans la position Pilates (voir page 17), tenez les haltères devant vous en décollant les bras du corps. Amenez votre poids sur l'avant des pieds en vous penchant légèrement en avant et en serrant les muscles fessiers. Commencez à faire des cercles de plus en plus larges avec les deux bras, de manière que le 8e et dernier cercle soit large au-dessus de votre tête.

8b Changez le sens de vos 8 cercles, en diminuant graduellement leur amplitude. Répétez l'ensemble 1 fois. Évitez les tremblements et les à-coups pendant l'exercice. Gardez le torse ferme et respirez naturellement.

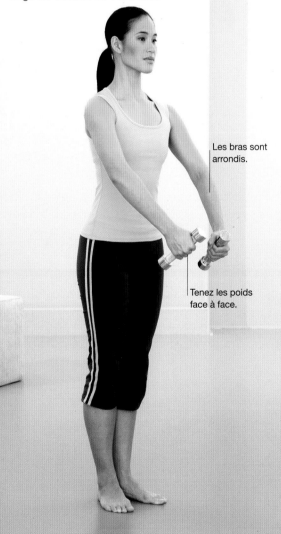

Les bras sont arrondis.

Tenez les poids face à face.

Ne tendez pas complètement les bras.

Maintenez solidement votre centre énergétique.

9a Les haltères en main, bras le long du corps, mettez les pieds en « Y », le talon gauche logé dans le creux du pied droit. Penchez le corps sur la jambe gauche et tenez les haltères juste devant les cuisses. Tendez l'arrière de vos deux jambes et allongez la taille. Dans un mouvement d'escrimeur, avancez la jambe gauche en position de fente large tout en levant rapidement les bras dans l'alignement du corps.

9b Revenez à la position initiale en glissant le pied gauche en arrière sur le sol et en abaissant les bras. Faites 4 fentes sur une jambe et 4 fentes sur l'autre.

Les paumes sont tournées vers l'avant.

Gardez le talon droit au sol.

Zone de travail.

Gardez les deux jambes tendues.

>> Étirement latéral

10a Prenez la position Pilates et tendez le bras droit vers le plafond en frôlant le côté de la tête. Inspirez et tirez le bras en ébauchant un arc vers la gauche.

10b Penchez-vous le plus loin possible sur le côté en laissant le bras gauche souple. Puis revenez à la position initiale en utilisant la résistance interne (voir page 17). Baissez le bras droit le long du corps et recommencez avec le bras gauche. Faites l'exercice 3 fois avec chaque bras.

rdez l'épaule basse.

Le bras gauche est relâché le long du corps.

Étirez bien le bras.

Zone de travail.

Ne pliez pas la taille.

>> **Pompes**

11a

Tenez-vous debout dans la position Pilates et tendez l'arrière des jambes. Montez les bras au-dessus de la tête le temps d'une respiration, puis enroulez-vous vers l'avant jusqu'à toucher le sol. Rentrez les abdominaux. Avancez les mains pour prendre une position de planche, puis pliez les genoux.

Gardez les hanches basses.

Les mains sont alignées avec les épaules.

11b

Ouvrez les coudes et faites 3 pompes avec le haut du corps. Posez vos pointes de pied, soulevez les hanches et posez les talons au sol. Reculez les mains vers vos pieds, gardez un moment l'étirement, puis déroulez-vous pour retrouver la position debout. Répétez une fois l'ensemble de l'exercice.

Serrez les muscles fessiers.

Gardez le cou et la tête alignés.

>> **Le moulin à vent**

12a Tenez-vous droit, en position Pilates. Imaginez que votre colonne vertébrale est une roue. Sur l'expiration, laissez tomber la tête en avant et descendez vers vos jambes. Gardez le poids du corps sur vos orteils. Continuez d'expirer en arrondissant votre colonne vertébrale dans un mouvement enroulé.

12b Lorsque vous êtes plié en avant et n'avez plus d'air, déroulez lentement la colonne vertébrale en inspirant, jusqu'à revenir en position verticale. Faites l'exercice 3 fois, en expirant de plus en plus longuement. Pour finir, déroulez les épaules, étirez le cou et tenez-vous droit.

Laissez la tête peser en avant.

Gardez votre poids sur les orteils.

Gardez les hanches en avant.

Remontez les abdominaux.

De haut en bas >>

15 minutes **Bilan**

>> Suppléments

Il est facile de sentir la résistance quand vous travaillez cet enchaînement, puisqu'il inclut l'utilisation d'haltères. Quand vous l'aurez expérimenté une fois, refaites-le sans les poids, mais en forçant vos muscles à se comporter comme si vous les teniez encore en main. Vous trouvez alors l'essence de la résistance interne.

>> Vérifions

Pensez à bouger à partir du centre. Bien que ces exercices semblent être prévus pour les membres, ils sont essentiels pour le foyer énergétique.

• Avez-vous travaillé dans votre « cadre » – en gardant les bras dans votre vision périphérique ?

• Avez-vous utilisé la résistance interne pour chaque mouvement de ce programme ?

• Sentez-vous combien le bas du corps doit se stabiliser pour pouvoir mobiliser le haut du corps ?

• Pendant L'Enroulement avant des biceps, ainsi que lors de tous les exercices en position debout, étiez-vous légèrement penché en avant, comme « poussé par le vent » ?

• Pour l'Enroulement latéral des biceps, avez-vous pu pousser les épaules vers le bas grâce aux muscles du dos ?

• Maintenez-vous un alignement vertical pendant le Va-et-vient vertical et Remonter la fermeture Éclair pour que votre colonne vertébrale n'oscille pas ?

• Quelques-uns des exercices avec les haltères se pratiquent les jambes parallèles. Pouvez-vous les garder alignées de manière que vos pieds, genoux et hanches pointent tous vers l'avant ?

• Avez-vous pensé à laisser du poids sur le pied extérieur alors que vous vous penchiez sur l'autre jambe ?

• Les fentes peuvent entraîner une difficulté de coordination. Avez-vous réussi à ramener la jambe et à baisser les bras de manière qu'ils reviennent au centre en même temps ?

>> Modifier / ajuster

Les haltères ajoutent un élément nouveau à votre entraînement. Assurez-vous de travailler chaque section avec le plus grand soin et la plus grande volonté.

• Changez l'angle des bras lestés pour réduire votre amplitude de mouvement et vous faciliter le travail.

• Pour contrer la difficulté des exercices avec le dos plat, adaptez votre position en pliant un peu moins les genoux.

• Pensez à diminuer le poids de vos haltères, ou à les éliminer si des douleurs inopinées surviennent.

>> Défis

Vous pouvez rendre un exercice plus difficile en augmentant le nombre de répétitions ou en ralentissant votre rythme. Vous pouvez également vous concentrer sur un détail précis qui deviendra un véritable défi.

• Apprenez à garder le corps immobile malgré le mouvement des bras pendant les Cercles concentriques des bras.

• Pratiquez les Fentes en vous concentrant sur la traction pour activer l'intérieur des cuisses.

• Essayez d'accroître le poids des haltères de 0,5 à 1 kg au fil de vos progrès. Ne dépassez pas 1,8 à 2,25 kg au total.

>> Petits conseils

Travaillez les transitions. Vos mouvements intermédiaires doivent être aussi importants que ceux de vos exercices principaux.

• Assurez-vous que votre respiration est concentrée et ciblée. Inspirez toujours pour préparer le mouvement, et expirez quand vous l'exécutez.

• Faites travailler les articulations. Ne bloquez pas vos coudes ni vos genoux pendant les enchaînements. Souvenez-vous que ce sont les muscles qui entraînent les os, et non le contraire.

• En travaillant les séries de mouvements avec les haltères, visez à garder les poignets souples et allongés, ce qui donne une stabilité accrue aux avant-bras, contrairement à des poignets pliés ou rigides qui soutiennent les haltères avec difficulté.

15 minutes

Concentrez-vous sur la précision.
Activez votre position Pilates.
Apprenez la série des coups
de pied sur le côté.

De bas
en haut >>

>> **De bas** en haut

Cet enchaînement commence par quelques mouvements préparatoires et se termine, comme le programme précédent, par un exercice debout. Il forge l'endurance et insiste sur le centrage. Vous devriez déjà vous sentir à l'aise avec ce travail sans sacrifier ni votre silhouette ni les principes clés.

Nous commençons par deux exercices que j'ai conçus en utilisant la position Pilates. Les jambes sont tendues sans supporter le poids du corps. Puis nous tournons sur le côté pour la série classique des coups de pied latéraux. En nous transférant en position assise, nous pratiquerons ensuite La gageure, pose vedette du Pilates, légèrement modifiée ; cette version est censée faire travailler les abdominaux et éprouver votre contrôle pendant que vous redescendez en position initiale. L'enchaînement se termine avec quelques mouvements classiques du Pilates, L'étreinte et les Cercles des bras. Entre les deux se trouve l'exercice La sirène, qui personnifie la grâce et la fluidité de la méthode.

Le début et la fin

Assis sur le tapis, jambes tendues, au début de l'exercice, oubliez les muscles que vous allez faire travailler. Commencez par activer toutes les autres parties du corps. Grandissez votre posture, relevez la taille et allongez le cou. En ajustant vos jambes pour prendre la position Pilates, récapitulez ce que doit comporter la préparation de chaque exercice.

Le dernier exercice, Les Cercles des bras, s'exécute debout. Bien qu'elle soit censée se dérouler de manière classique, cette variation vous fait quitter le tapis et vous suit dans la vie courante.

Les transitions

Dans ce programme, les liens entre les exercices sont plus complexes. Abordez la Préparation aux coups de pied latéraux comme une posture de stabilité. Si vous

>> **Les clés** du succès

- **La position Pilates** commence à partir des fessiers. Pour l'installer en position assise, rapprochez les fesses en les soulevant légèrement du tapis.

- **Lors des va-et-vient** des coups de pied latéraux, soyez très attentif aux changements de rythme. La jambe monte en étant relâchée mais descend avec une résistance croissante.

- **La sirène** est un exercice d'étirement et non de flexion. Assurez-vous de ne pas plier la taille mais plutôt de la soulever, comme si votre bras vous entraînait vers le haut.

êtes correctement positionné, il vous faudra très peu d'ajustement. En progressant, résistez à l'envie de relâcher la jambe entre les mouvements, restez mobilisé et utilisez la fin d'un exercice comme début du suivant. En vous mettant à plat ventre pour les Battements des jambes, utilisez un mouvement minimal. Bien que la concentration pour La gageure vienne à la suite, gardez conscience de votre silhouette au moment présent. Cet enchaînement synthétise tout ce que vous avez appris.

La sirène est un classique du Pilates. Par l'ancrage du bas du corps, la partie haute est libérée pour s'étirer et s'allonger.

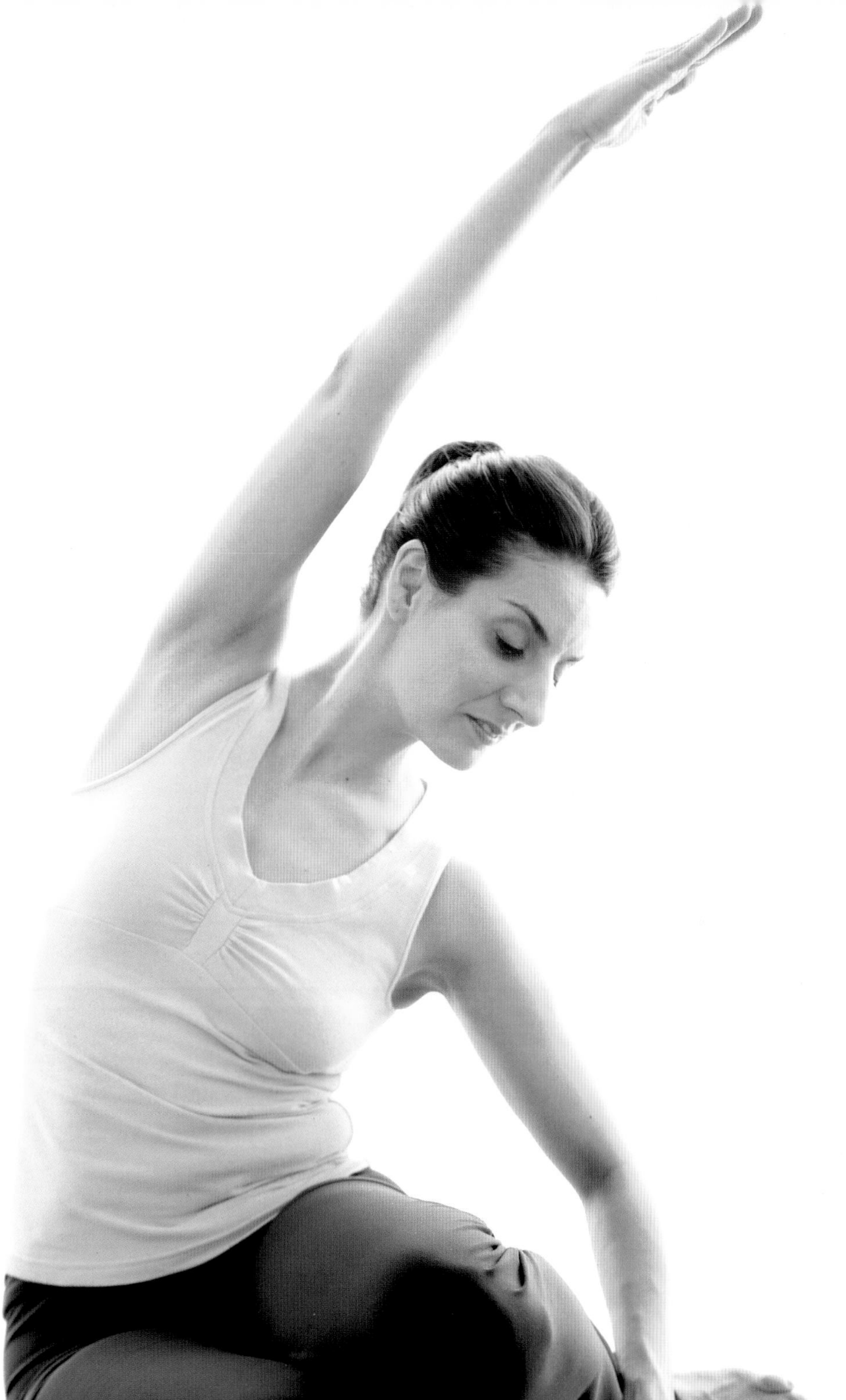

>> **Position Pilates 1 et 2**

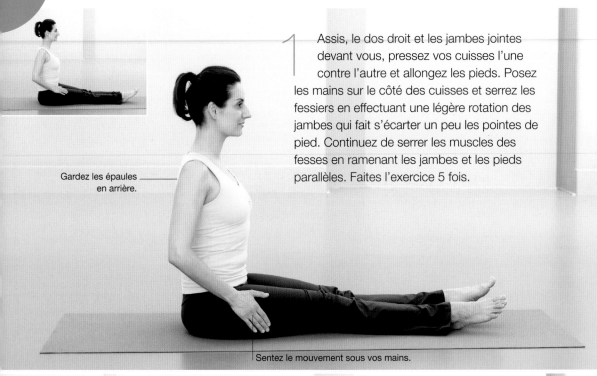

1 Assis, le dos droit et les jambes jointes devant vous, pressez vos cuisses l'une contre l'autre et allongez les pieds. Posez les mains sur le côté des cuisses et serrez les fessiers en effectuant une légère rotation des jambes qui fait s'écarter un peu les pointes de pied. Continuez de serrer les muscles des fesses en ramenant les jambes et les pieds parallèles. Faites l'exercice 5 fois.

Gardez les épaules en arrière.

Sentez le mouvement sous vos mains.

2 Allongez-vous sur le dos en levant les jambes à la verticale, talons joints et pointes écartées. Serrez les fessiers et effectuez une légère rotation des jambes vers l'extérieur. Utilisez les mains pour aider vos muscles à travailler au niveau des hanches. Puis ramenez vos jambes en position parallèle. Faites 5 fois le mouvement.

Gardez les jambes collées l'une à l'autre.

Levez la poitrine.

3a
Allongez-vous sur le côté droit. Soutenez votre tête avec la main droite en prenant appui sur l'épaule au sol, et placez la main gauche devant votre foyer énergétique (voir page 17). Tout en gonflant la poitrine, rentrez les abdominaux et levez les deux jambes fermement jointes.

Baissez l'épaule.

Serrez l'arrière des jambes.

3b
Sans bouger le haut du corps, amenez les jambes devant vous en diagonale et abaissez-les en contrôlant. Pliez-vous à 45°, hanches et épaules alignées.

Les jambes sont à 45°.

Ne bougez pas le coude.

>> Coups de pied latéraux avant

4a Toujours allongé sur le côté droit selon un angle de 45°, montez légèrement la jambe gauche. Votre pied droit reste solidement posé au sol, orteils pointés vers l'avant. Amenez la jambe gauche en avant dans un mouvement de coup de pied en deux temps.

Tirez la hanche en arrière.

Ne tournez pas la jambe au sol.

4b Ramenez la jambe gauche en arrière en tirant les muscles fessiers. Gardez le haut du corps ferme et immobile. Faites l'exercice 6 fois en perfectionnant progressivement votre silhouette. Puis reposez votre jambe sur l'autre.

Ne vous penchez pas en avant.

Gardez les hanches alignées.

5a Toujours allongé sur le côté, tournez légèrement le pied et le genou gauche vers le plafond. Inspirez et lancez rapidement votre jambe le plus haut possible. Visez un point juste derrière l'oreille en donnant le coup de pied.

La jambe est tournée.

Gardez la poitrine haute.

5b Abaissez la jambe en créant de la résistance (voir page 17). Utilisez l'opposition (voir page 17) : pendant que votre jambe descend, contractez vos abdominaux et tirez-les vers le haut. Faites l'exercice 6 fois, puis reposez la jambe sur l'autre.

Résistez en descendant.

Rentrez et remontez les abdominaux.

>> Coups de pied latéraux en cercle

6a Restez allongé sur le côté et amenez la jambe gauche, qui doit maintenant vous paraître lourde, devant l'autre. Gardez-la tournée vers le haut, cheville allongée.

Regardez en face.

Le talon est tourné vers le bas.

6b Décrivez dans l'air 10 petits cercles sans trembler. Faites une courte pause, puis reprenez en changeant les cercles de sens. Conservez des mouvements de très faible ampleur. Refaites 10 autres cercles avant de reposer la jambe sur l'autre.

Baissez l'épaule.

Zone de travail.

Coups de pieds latéraux de l'intérieur de la cuisse

7a Conservez votre position sur le côté droit. Croisez la jambe gauche devant la cuisse droite, tenez votre cheville avec la main gauche et posez le pied à plat sur le tapis, le genou et les orteils tournés vers la jambe droite. Puis soulevez légèrement la jambe droite, le pied fléchi vers vous.

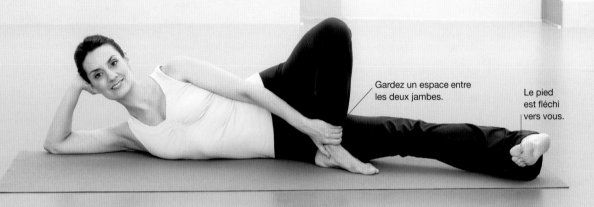

Gardez un espace entre les deux jambes.

Le pied est fléchi vers vous.

7b Sans bouger le haut du corps, montez la jambe droite le plus haut possible, puis descendez-la au ras du sol. Faites l'exercice 8 fois. La dernière fois, profitez de la position la plus haute pour allonger, renforcer et ouvrir un peu plus votre jambe, puis baissez-la en contrôlant.

Gardez la poitrine haute.

Le pied pointe vers le bas du corps.

>> Coups de pied latéraux en pédalant

8a Tendez les jambes à 45° devant vous. Levez légèrement la jambe gauche et amenez-la à angle droit sans voûter ni arrondir le dos. Créez l'opposition (voir page 17) en tirant la hanche en arrière. Pliez le genou et montez-le vers l'épaule.

Amenez le genou à l'épaule.

Activez le foyer énergétique.

8b Ramenez le genou gauche près du droit avant de tendre la jambe en arrière. Montez la taille et étirez la jambe au sol. Faites le mouvement 3 fois et revenez à la position initiale. Puis recommencez 3 fois en inversant le sens.

Allongez loin en arrière.

Zone de travail.

Contractez les fessiers.

Ne vous appuyez pas sur la main.

9a Allongez-vous à plat ventre. Placez les mains sous le front, paumes au sol, et étirez les jambes. Décollez-les légèrement du sol en contractant les abdominaux. Tirez les épaules vers l'arrière et écartez un peu les jambes.

Tirez les épaules en arrière.

Soulevez les genoux du tapis.

9b En respirant normalement, battez les jambes 20 fois l'une contre l'autre du haut des cuisses jusqu'aux chevilles, genoux bien droits. À la fin, faites une pause pour allonger les jambes, contracter les abdominaux et relâcher le cou et les épaules, puis reposez les jambes en contrôlant. Roulez sur le côté gauche et recommencez la série des coups de pieds latéraux (étapes 3a à 8b).

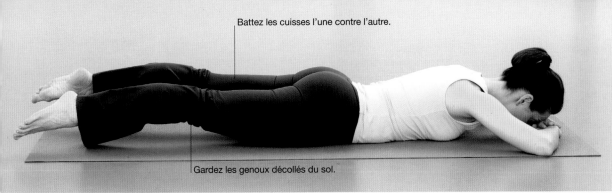

Battez les cuisses l'une contre l'autre.

Gardez les genoux décollés du sol.

>> **La gageure**

10a

Tournez-vous sur le côté et allongez-vous sur le dos. Amenez les genoux vers la poitrine et tendez les bras au-dessus de la tête sans les poser au sol.

Les côtes ne sont pas saillantes.

Tenez les bras le long des oreilles.

10b

Relevez le haut du corps d'un coup pour vous asseoir sur vos ischions. Les jambes pliées à 90° font contrepoids, les bras sont tendus en avant, les abdominaux contractés, la poitrine, élargie. Puis, en contrôlant, déroulez le bassin et les vertèbres pour les reposer sur le tapis. Ramenez les genoux vers la poitrine et les bras au-dessus de la tête pour recommencer 5 fois.

Allongez les doigts au-delà des genoux.

Contractez les abdominaux.

Tendez les
muscles des bras.

Allongez les
flancs.

11a Assis en tailleur, ouvrez les bras de
chaque côté, les poings fermés
comme si vous teniez des haltères.
Vos bras doivent faire un léger angle descendant, les
épaules au-dessus des coudes, eux-mêmes au-
dessus des poignets. Pressez les épaules vers le bas
et allongez le cou. Sentez la
lourdeur dans vos bras.

Gardez le cou
allongé.

Descendez les
épaules.

11b Inspirez et ramenez les bras en
cercle devant vous en créant de la
résistance (voir page 17). Expirez en
les ouvrant avec une résistance encore plus forte.
Faire l'exercice 3 fois, et répétez 3 autres fois en
inversant la respiration. Relâchez les bras.

>> **La sirène**

12a Asseyez-vous sur le côté droit, les genoux, tibias et chevilles joints sur votre gauche. Posez la main gauche en crochet sur vos chevilles pour les tenir fermement. Montez votre bras droit au-dessus de la tête et inspirez pour vous préparer.

Allongez la taille. _____

Tenez fermement la cheville du dessous.

12b Penchez-vous un peu vers vos jambes et expirez en étirant le flanc droit. Montez encore plus le bras et le buste en revenant à la position verticale. Répétez 2 fois, puis faites une pause pour étirer la taille et descendre les épaules. Changez vos jambes de côté et recommencez 3 fois.

_____ Étirez bien le bras.

_____ Ouvrez le coude.

13a Remettez-vous debout et prenez la position Pilates (voir page 17). Portez votre poids légèrement en avant. Tenez les bras le long du corps, les paumes tournées vers l'avant. Inspirez et levez les bras au plafond.

13b Expirez, tournez les paumes vers l'extérieur et descendez les bras en cercle en exerçant une pression comme si l'air était solide. Faites l'exercice 3 fois, puis 3 autres fois en inversant la respiration pour expirer sur la montée des bras et inspirer sur leur descente.

Les paumes sont tournées vers l'arrière.

Penchez-vous èrement en avant.

Descendez les bras légèrement en avant.

Résistez en descendant.

De bas en haut >>

15 minutes **Bilan**

>> **Suppléments**

Vous souvenez-vous des anciens enchaînements de gymnastique rythmique ? Le programme « De bas en haut » leur ressemble étrangement. La différence importante est la précision et la construction. Si vous vous concentrez sur le contrôle des mouvements au lieu de bouger votre corps dans tous les sens, vous améliorerez à la fois votre silhouette et vos capacités.

>> **Vérifions**

Chaque partie de chaque exercice est importante. Si vous pensez avoir maîtrisé un mouvement, fouillez un peu plus.

• Avez-vous travaillé l'opposition, en allongeant le torse dans la direction inverse de celle des membres, et vive versa ?

• Avez-vous concentré votre attention sur le haut du corps pendant les exercices où la moitié inférieure est mobilisée ?

• Savez-vous inclure la position Pilates dans les autres exercices sur tapis, même quand les jambes sont en l'air ?

• Durant la Position Pilates 2, avez-vous senti sous vos mains que vos muscles en rotation tiraient vos jambes dans la bonne posture ?

• Comme les coups de pied latéraux concernent le bas du corps, on oublie facilement la moitié supérieure. Avez-vous gardé la poitrine haute et les épaules basses tout au long de cette série ?

• Pour les Coups de pied latéraux avant et en cercle, avez-vous maintenu votre alignement du torse sans vous penchez sur la main posée au sol quand la jambe partait en arrière ?

• Quand vous travaillez les Battements des jambes, pouvez-vous baisser les deux omoplates pour ne pas voûter le dos et pensez-vous à élargir la cage thoracique ?

Modifier / ajuster

Souvenez-vous de garder vos membres plus près du foyer énergétique pour diminuer l'intensité. C'est utile quand vous devez les plier.

• Laissez votre jambe parallèle si la rotation des hanches est trop intense pendant la série des coups de pied latéraux.

• Séparez vos jambes pendant l'exercice de La sirène au lieu de coller vos tibias l'un contre l'autre.

Défis

Essayez vos propres positions. Mais un léger pivotement ou changement d'angle est susceptible d'altérer dangereusement un exercice.

• Apprenez à ancrer la jambe au sol pour augmenter la stabilité quand vous pratiquez la série des coups de pied latéraux.

• Essayez d'exécuter La gageure avec les jambes pliées à 45° en montant et en descendant le buste.

• Ajoutez des poids légers à vos chevilles si les exercices des coups de pied latéraux deviennent trop faciles.

• Mettez la main au sol sous votre tête dans la série des coups de pied latéraux. Gardez le coude dirigé vers le plafond.

Petits conseils

Servez-vous de vos yeux pour positionner vos jambes au meilleur endroit, puis travaillez à partir de là, en vous assurant que les muscles sont tendus et dans la position voulue.

• J'ai conçu les exercices en position Pilates pour offrir un système de soutien dans la plupart des enchaînements de la méthode, alors entraînez-vous régulièrement. Pensez à commencer vos mouvements à partir des hanches.

• Cette version de La gageure est la mienne ; elle est censée éliminer le manque de confiance en soi et travailler sur le foyer énergétique. Pensez à vous concentrer sur le déroulement du dos.

• Il est intéressant de surprendre votre corps de temps en temps en commençant par l'autre côté. Si vous avez une préférence naturelle pour la jambe droite, alternez quelquefois en démarrant avec la gauche. De même, si vous posez toujours la jambe droite sur la gauche quand vous vous assayez en tailleur, changez de temps en temps.

15 minutes

Concentrez-vous sur la fluidité.
Activez l'opposition et la combinaison.
Apprenez l'enchaînement debout.

Toujours
plus loin >>

>> **Toujours** plus loin

Ce dernier programme fixe la mémoire musculaire dont vous aurez besoin dans la vie courante. Il faut souvent se baisser, se retourner, se pencher et s'étirer au quotidien – ce que vous travaillez ici. Votre objectif ultime est de faire entrer inconsciemment la pratique du Pilates dans tout mouvement pour avoir un corps plus sain et plus fort.

L'enchaînement commence par deux exercices en position assise qui apportent une solution à tous les petits désagréments courants au niveau des cervicales. Puis vous trouverez une version plus poussée des 100 pompages et deux exercices Pilates classiques de rameur. Ensuite viendra le tour des genoux, avec des exercices tout aussi connus qui renforcent la résistance interne. Nous nous relèverons enfin pour pratiquer du pur Pilates destiné à allonger les membres inférieurs.

Le début et la fin

Pour commencer le renforcement du cou, prenez le temps de fixer votre posture. Le cou est le prolongement de la colonne vertébrale, et il vous sera impossible de l'aligner correctement si vous êtes voûté. Notez bien l'endroit où le sommet du crâne commence à s'incurver vers le bas ; c'est votre couronne. Assis, debout, à genoux ou allongé, vous devez toujours tenir ce point le plus éloigné du reste de votre corps.

   Nous terminons par des fentes – série d'exercices fonctionnels. En entraînant votre corps à mobiliser son foyer énergétique lors de ces exercices dynamiques, vous le préparez aux mouvements imprévus de la vie courante. Concentrez-vous sur votre taille, qui monte et s'éloigne des jambes chaque fois que vous les étirez ensemble.

Les transitions

Passez des différentes positions des exercices avec des mouvements clairs et contrôlés. Pour vous

>> **Les clés** du succès

- **Nombreux sont ceux qui trouvent l'Élargissement du thorax** plutôt délicat. Pensez à activer votre foyer énergétique (voir page 17) et à tirer les bras en arrière pendant que vous tournez la tête.

- **Quand vous vous agenouillez** pour l'Étirement des cuisses, serrez tous les muscles de haut en bas. Vous devez rigidifier votre corps comme un bloc d'acier.

- **La série des jeux de pieds** comprend des mouvements Pilates historiques. Les exercices en position accroupie demandent une intégration du corps tout entier.

agenouiller, amenez les jambes sur le côté, posez les genoux et relevez le torse en même temps. Pour vous mettre debout, posez simplement les mains sur le tapis, repliez les orteils et prenez appui dessus pour vous dérouler. Pour passer d'un jeu de pieds au suivant, portez une attention spéciale à l'alignement du haut du corps. Peu importe la manière, votre but devra être d'utiliser un mouvement symétrique efficace sans dépenser trop d'énergie.

« **Toujours plus loin** » renforcera l'intégration du corps tout entier dans le Pilates. Préparez votre corps à la vie courante en emportant avec vous la philosophie du Pilates partout où vous allez.

Gardez le coude
ouvert.

Les hanches sont
détendues.

1 Assis en tailleur, placez une main derrière la tête. Tirez le menton en arrière et légèrement vers le bas, ce qui repousse le crâne contre la main. Le cou s'allonge et la taille se redresse. Sentez la résistance de votre tête dans votre main le temps de compter jusqu'à 3. Relâchez en douceur. Faites l'exercice 5 fois.

Rapprochez les
omoplates.

Contractez les
abdominaux.

2 Les mains sur les tibias, inspirez et haussez les épaules en avant et vers les oreilles. Puis haussez-les vers l'arrière en les tirant le plus bas possible pendant l'expiration. Recommencez 2 fois, puis inversez le sens de rotation pour refaire l'exercice 3 fois.

Grandissez-vous.

3a Asseyez-vous bien droit en allongeant les jambes devant vous. Tendez les bras au-dessus de vos jambes et remontez la taille. Pressez les épaules fermement vers le bas et commencez à pomper rapidement de haut en bas avec les bras tendus, en inspirant sur 5 pompages et en expirant sur 5 autres.

Contractez les abdominaux.

3b Continuez à pomper en pressant les jambes l'une contre l'autre et en contractant les muscles fessiers. Gardez le corps solidement tenu pour ne pas rebondir ni vous balancer. Quand vous avez atteint les 100 pompages, ou 10 cycles de respiration, allongez encore le buste. Restez ainsi un moment, puis reposez-vous.

Pompez de haut en bas avec les bras.

Serrez les jambes l'une contre l'autre.

>> **Rameur 1**

Baissez les épaules.

Allongez les chevilles.

4a Prenez des petits haltères et asseyez-vous bien droit, les jambes serrées devant vous. Pliez les coudes et tirez-les en arrière pour amener les haltères contre votre poitrine. Inspirez en tendant les bras en avant et vers le haut sans monter les épaules.

Grandissez-vous quand les bras descendent.

Levez la poitrine.

4b Expirez en baissant les bras jusqu'au sol. Inspirez en les remontant. Puis expirez en descendant les bras sur les côtés pour décrire un cercle. Faites cet exercice 3 fois.

5a Assis bien droit, les jambes tendues et les pieds fléchis vers le haut, tenez les haltères près des hanches. Puis inspirez et enroulez-vous sur vos jambes. Expirez en avançant les mains le plus près possible de vos pieds. Levez les abdominaux. Inspirez en déroulant la colonne vertébrale jusqu'à la position assise, les bras tendus parallèlement à vos jambes.

Les épaules sont au-dessus des hanches.

Avancez les talons.

Décrivez un cercle en gardant les bras dans votre vision périphérique.

5b Continuez à tendre les bras en avant, puis levez-les au-dessus de votre tête. Redescendez-les sur les côtés en décrivant un cercle et revenez à la position initiale. Faites l'exercice 3 fois.

Pressez les jambes l'une contre l'autre.

Toujours plus loin >>

>> Torsion de la colonne vertébrale

6a Posez les haltères. Restez assis bien droit, les jambes serrées devant vous et les bras parallèles au-dessus. Tirez vos mains vers l'avant et fléchissez les pieds vers vous. Inspirez et remontez la taille. Sentez le sommet de votre tête s'allonger vers le haut.

Levez la poitrine.

Les cuisses sont serrées.

6b Expirez et tournez le buste vers la droite, en amenant simultanément le bras droit en arrière et le torse vers le haut. Tournez encore, puis revenez à la position initiale. Recommencez sur le côté gauche. Faites l'exercice 3 fois de chaque côté, en opposant fortement les bras à chaque torsion.

Baissez l'épaule.

Tendez le bras en avant.

Zone de travail.

Zone de travail.

>> **La Scie**

7a

Tendez les bras de chaque côté, les paumes vers le sol. Écartez les jambes de la largeur du tapis. Fléchissez les pieds vers vous et allongez la taille. Inspirez et tournez le buste vers la droite en gardant les hanches et les jambes fermement ancrées au sol.

Grandissez la taille en tournant.

Les jambes s'écartent de la largeur du tapis.

7b

Tournez la tête vers le bras droit et penchez-vous. Plongez en avant en étirant le bras gauche, qui va dépasser le pied droit comme pour scier le petit orteil. Continuez d'expirer tout en étirant. Inspirez en vous redressant et recommencez en tournant sur la gauche. Faites l'exercice 3 fois de chaque côté.

Laissez pendre la tête.

Zone de travail.

Dépassez le petit orteil.

>> Le lotus

8a Reprenez les haltères et agenouillez-vous bien droit, les genoux légèrement écartés. Les bras sont tendus sur les côtés, paumes vers le plafond. Activez votre foyer énergétique et levez la poitrine.

8b Sans changer votre posture, montez les bras au-dessus de la tête de manière à l'encadrer dans leur ovale. Puis descendez-les avec une résistance contrôlée (voir page 17). Ne bloquez pas les coudes. Faites l'exercice 4 fois en inspirant pour monter les bras et en expirant pour les descendre, puis 4 autres fois en inversant la respiration.

Gardez les bras dans la vision périphérique.

Contractez les fessiers.

Les bras sont devant les oreilles.

Gardez la colonne vertébrale bien droite.

9a Toujours assis à genoux, bien droit, tenez les haltères devant vous, loin du corps. Contractez les fessiers et tirez la taille vers le haut pour activer votre foyer énergétique. Inspirez et amenez les bras derrière vous avec résistance, en élargissant la poitrine et en rapprochant les omoplates.

9b Gardez les bras en arrière et tournez la tête pour regarder par-dessus votre épaule droite, puis par-dessus la gauche, et revenez au centre. Expirez en ramenant les bras devant vous. Faites l'exercice 4 fois, puis relâchez les bras.

Rapprochez les omoplates.

Levez la poitrine.

Étirez le cou.

Activez le foyer énergétique.

>> **Étirement des cuisses**

10a Restez à genoux, les haltères en main, les bras tendus devant vous juste au-dessous du niveau des épaules, les paumes tournées vers le sol. Activez votre foyer énergétique (voir page 17) et inspirez.

10b Baissez légèrement le menton pour pouvoir, sans voûter la colonne vertébrale, pencher le corps en arrière en étirant le devant des cuisses. À votre point le plus bas, contractez les fessiers et ramenez le corps en position verticale, puis recommencez. Faites l'exercice 5 fois, en expirant chaque fois que vous vous redressez.

N'arrondissez pas les épaules.

Gardez votre poids équitablement réparti sur vos cuisses.

Gardez le regard à l'horizontale.

Zone de travail.

Contractez les fessiers.

11 Posez les haltères et mettez-vous debout, en position Pilates (voir page 17). Placez les mains derrière la tête en ouvrant grands les coudes. Inspirez en pliant les genoux pour vous accroupir et en laissant les talons se soulever. Puis relevez-vous en pressant les talons dans le sol. Faites le mouvement 6 fois, en inspirant pour descendre et en expirant pour remonter.

12 Toujours debout, les pieds parallèles et écartés de la largeur des hanches, croisez les bras devant vous à hauteur de poitrine. Puis pliez les genoux le plus possible, et appuyez sur les pieds pour vous relever. Faites l'exercice 6 fois, en inspirant pour descendre et en expirant pour remonter.

Gardez la colonne vertébrale bien droite.

Les talons se soulèvent puis se posent.

Levez la poitrine.

Alignez les genoux sur les orteils.

Ancrez les talons au sol.

13 Debout, pieds joints et bras tendus en avant pour la stabilité, décollez les orteils et pressez fermement le reste du pied dans le sol. Contractez les abdominaux, puis descendez en position accroupie. Gardez si possible les talons au sol et restez bien droit, sans vous pencher en avant. Expirez pour vous relever avec une résistance interne (voir page 17). Ne vous précipitez pas. Faites l'exercice 6 fois.

14 Revenez en position Pilates (voir page 17), les bras croisés devant vous à hauteur de poitrine. Appuyez fermement vos pointes de pied dans le sol pour décoller les talons et tenez l'équilibre en comptant jusqu'à 3. Descendez en contrôlant. Faites l'exercice 6 fois, en expirant pour monter et en inspirant pour descendre.

Ne cambrez pas le dos.

Contractez les fesses.

Amenez les hanches en arrière.

Pressez l'intérieur des cuisses.

Levez haut les orteils.

15 Reprenez la position Pilates et tendez les bras sur les côtés. Glissez la jambe gauche en avant en portant votre poids sur le genou plié. Gardez la jambe droite solidement ancrée au sol, puis ramenez le pied gauche près du droit. Inspirez en avançant la jambe et expirez en la reculant. Faites 4 fentes avant sur chaque jambe.

16 Revenez en position Pilates, les bras tendus latéralement. Glissez la jambe gauche sur le côté en vous appuyant sur le genou plié, puis ramenez-la le plus rapidement possible pour activer le haut interne des cuisses. Faites 4 fentes latérales sur chaque jambe.

Gardez les épaules basses.

Étirez la taille.

Zone de travail.

Gardez les bras dans votre vision périphérique.

Assurez-vous que les muscles de l'intérieur de la cuisse travaillent.

Toujours plus loin >>

15 minutes **Bilan**

>> Suppléments

Pensez au rythme de votre vie quotidienne. Prenez-vous réellement le temps de préparer un mouvement, un étirement ou un basculement de votre poids ? Pas vraiment. La vie passe si vite ! Cet enchaînement d'exercices idéal vous prépare à une telle rapidité. Pratiquez-le pour l'inclure dans votre journée.

>> Vérifions

En travaillant ce programme, assurez-vous de ne pas limiter votre attention à une seule zone de votre corps. Tous vos muscles doivent être mobilisés.

• Avez-vous pris conscience de votre posture tout au long du programme ?

• Avez-vous la sensation de créer un espace entre les vertèbres pour allonger votre colonne vertébrale ?

• Sentez-vous le niveau de travail demandé à la taille et la fatigue induite par le fait de rester assis bien droit ?

• Avez-vous pu garder le haut des cuisses serré et les jambes jointes pendant Les 100 pompages 2 ?

• Pour le premier exercice du rameur, le torse doit rester vertical pendant que les bras montent et descendent. Avez-vous pensé à débuter le mouvement dans le foyer énergétique pour assurer la stabilité du corps ?

• Étirer le bras en arrière pour la Torsion de la colonne vertébrale est assez facile, mais pencher le côté opposé de la cage thoracique vers l'avant est plutôt ardu. Avez-vous été capable de tourner votre colonne vertébrale en spirale en grandissant le torse ?

• Au moment le plus intense de l'Étirement des cuisses, quand votre corps est penché en arrière, avez-vous pu contracter les fessiers pour allonger encore plus les cuisses ?

• La synchronisation est importante dans la série des jeux de pieds. Au lieu de vous lancer à corps perdu dans les mouvements, ralentir le rythme augmentera le travail de vos muscles et aura de grands bénéfices.

>> Modifier / ajuster

L'ajout de poids dans votre programme peut être un défi. Pratiquez les exercices sans haltères, puis recommencez avec.

• Assouplissez les genoux ou asseyez-vous en tailleur dans les exercices en position assise qui peuvent causer une raideur.

• Réduisez le fléchissement des genoux dans les jeux de pieds.

• Mettez un coussin sous vos genoux pour les protéger au besoin.

• Posez les mains sur votre poitrine ou derrière votre tête pendant la Torsion de la colonne vertébrale, pour réduire la difficulté.

>> Défis

Souvenez-vous que si l'exercice vous paraît facile, c'est que vous ne travaillez pas assez dur. Revoyez les détails et recommencez.

• Pensez à vous grandir constamment à partir du sommet du crâne au cours des deux exercices du rameur.

• Apprenez à vous étirer plus en avant dans La scie – et à ne vous redresser qu'après être allé le plus loin possible.

• Entraînez-vous à travailler l'intérieur des cuisses sans vous ménager pendant les exercices du rameur.

• Essayez d'exagérer l'opposition dans les mouvements de rotation et de torsion.

>> Petits conseils

Souvenez-vous que votre centre de gravité et votre équilibre varient selon les positions que vous prenez.

• Au cours de la petite enfance, le corps se développe dans la position couchée puis assise pour continuer sur les genoux et finalement se mettre debout. Cet enchaînement vous ramène à un déroulement semblable en vous donnant l'opportunité de ressentir votre symétrie.

• En pratiquant la série des jeux de pieds, le plus difficile est de remonter en contrôlant. Au lieu d'essayer de pousser dans le sol, imaginez que vous creusez un trou avec les pieds ; plus vous les enfoncez, plus le sol vous repousse.

• Les Fentes avant et latérales montrent avec les membres ce qui se passe à l'intérieur du corps. Imaginez vos muscles tirant vers le haut et en arrière quand les jambes se rejoignent.

15 minutes

Concentrez-vous sur la cohérence.
Activez les bons mécanismes corporels.
Apprenez l'histoire du Pilates.

Au-delà
des séances >>

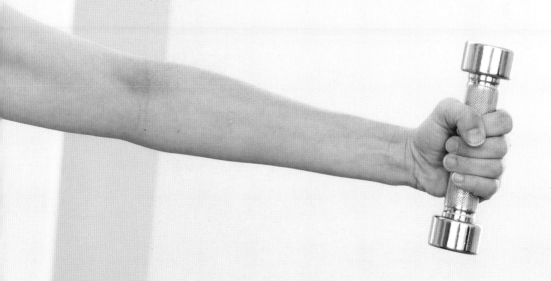

>> **Planning**

Les exercices Pilates présentés dans ce livre sont conçus pour être accessibles, commodes et réalisables. Que vous consacriez 15 minutes trois fois par semaine ou 45 minutes par jour à votre entraînement, les exercices peuvent se structurer de manière à entrer dans votre emploi du temps. Voici trois exemples de programmation pour débuter.

Si vous n'avez que 15 minutes trois fois par semaine, alternez les quatre programmes jusqu'à en avoir fait le tour et recommencez au début. Si vous pouvez travailler 15 à 30 minutes chaque jour, pratiquez l'enchaînement « Jour après jour » en alternance trois fois par semaine pour insister sur le foyer énergétique et le développer. Les mardis et les jeudis, vous pourrez tester votre faculté à intégrer les principes clés et les positions des trois autres programmes. Si vous avez le loisir de travailler 30 à 45 minutes par jour, je vous recommande le programme « Jour après jour » régulièrement, suivi d'un ou de plusieurs autres, en choisissant un jour pour un entraînement plus intensif.

>> Exemple de planning **Pilates**

	Temps disponible		
	15 minutes, trois fois par semaine	15 à 30 minutes par jour	30 à 45 minutes par jour
Lundi	« Jour après jour » (semaine 1) « Toujours plus loin » (semaine 2) « De bas en haut » (semaine 3)	« Jour après jour »	« Jour après jour » « De haut en bas »
Mardi		« Toujours plus loin » « De haut en bas »	« Jour après jour » « Toujours plus loin »
Mercredi	« De haut en bas » (semaine 1) « Jour après jour » (semaine 2) « Toujours plus loin » (semaine 3)	« Jour après jour »	« Jour après jour » « De bas en haut » « De haut en bas »
Jeudi		« De bas en haut » « Toujours plus loin »	« Jour après jour » « Toujours plus loin »
Vendredi	« De bas en haut » (semaine 1) « De haut en bas » (semaine 2) « Jour après jour » (semaine 3)	« Jour après jour »	« Jour après jour » « De bas en haut »

Flexibilité intégrée

Cette méthode comporte un haut degré de flexibilité. Vous pouvez décider de travailler un programme par jour ou bien les quatre selon votre choix. Au début, il est plus sage d'y aller doucement, en limitant votre entraînement à un ou deux programmes quotidiens. Après deux ou trois semaines, vous pourrez essayer des enchaînements plus longs.

Pour vous aider à persévérer, planifiez sérieusement votre travail. Je vous recommande d'en prendre note dans votre agenda pour lui donner la même importance qu'à toutes vos autres activités. Souvenez-vous toujours que votre santé et votre bien-être doivent tenir la place centrale dans votre vie quotidienne.

Si, parfois, vous ne pouvez pas pratiquer vos exercices, utilisez vos 15 minutes pour lire le livre ou regarder le DVD. En effet, étudier une méthode d'entraînement physique sans la pratiquer offre d'énormes bienfaits : vous améliorez réellement votre technique et votre silhouette, et vous affinez votre pratique sans même lever le petit doigt. Ce phénomène s'appelle l'« empathie physiologique » et, bien que cela ne modifie en rien votre masse musculaire ni votre taille, vous pouvez apprendre beaucoup par la simple observation passive.

Prenez le temps d'apprendre vos programmes. Regarder les photos et lire le déroulement des exercices vous aidera à améliorer votre pratique de manière significative.

>> **Après** la séance

Quand j'assiste à des séances de fitness, je suis régulièrement frappée par un phénomène particulier : après leur entraînement, les élèves reprennent leur posture habituelle à la première occasion et quittent la salle le dos voûté, la poitrine rentrée et le ventre en avant. Mais pas avec la méthode Pilates.

Dans la pratique du Pilates, vous avez appris à installer la force intérieure dans toutes vos postures. Les muscles entourant la colonne vertébrale, depuis le coccyx jusqu'au crâne, sont sollicités pour rester tendus tout au long de la séance. Jamais ils ne se reposent, sauf quand vous êtes étendu sur le dos. Par ce travail intensif, vous êtes dans une position de force pour mieux employer les mécanismes de votre corps après l'entraînement, justement quand vous en avez le plus besoin !

Cela ne signifie pas que les défauts ne peuvent réapparaître à l'occasion. Je comprends bien que les mauvaises habitudes soient tenaces – je descends moi-même d'une famille où l'on se tient voûté. Inévitablement, quand le corps reste en position assise, toute activité musculaire est suspendue. Pour combattre cet état d'inertie dévastatrice, quittez votre siège à intervalles réguliers, ou du moins levez-vous pour vous étirer avant de vous rasseoir. L'inactivité prolongée est nuisible et contre nature. Il suffit d'une douzaine d'heures d'immobilité sur un lit d'hôpital pour que des escarres apparaissent. Le mouvement et la circulation du sang sont essentiels à la vie.

Si vous vous entraînez juste avant d'aller au travail, profitez du regain d'énergie offert par votre séance pour continuer à bouger le plus longtemps possible au lieu de revenir trop vite à la sédentarité. Si vous rentrez chez vous juste après l'entraînement, faites une partie du trajet à pied pour que vos muscles aient le temps de s'adapter. Si vous devez vous asseoir, pensez à travailler votre posture, en essayant de garder la poitrine levée et les abdominaux bien tendus.

Asseyez-vous bien droit ! En revenant à vos activités habituelles, pensez à maintenir l'alignement de votre colonne vertébrale. Une posture assise correcte améliore le fonctionnement de vos organes internes et augmente votre niveau d'énergie.

Étirement

L'étirement est bon pour le corps, mais selon les dernières recherches il est très nocif avant une séance d'entraînement, parce qu'il bloque les muscles, qui alors ne répondent plus, ce qui diminue votre force. Cela ne veut pas dire qu'il ne faut plus vous étirer, bien évidemment ; mais faites-le plutôt après la séance, pour en tirer les meilleurs bénéfices.

Je vois toujours l'un ou l'autre de mes élèves s'installer dans une position bancale et être obligé de trouver plus haut ou plus bas l'étirement maximal. Rien n'est plus inutile. Cette recherche « balistique » occasionne une plus grande contraction musculaire. Ce n'est que par la position statique soutenue, donc en gardant votre étirement absolument immobile et détendu, que vous deviendrez plus flexible. C'est le seul moyen d'accroître l'extensibilité des tissus. Si vous manquez de temps après votre séance, étirez-vous après la douche, quand vos muscles sont suffisamment chauds.

Courbatures

Comme avec tout entraînement, il est normal d'avoir des courbatures. Elles sont causées par de minuscules déchirures de la fibre musculaire ; mais le bon côté de la chose, c'est qu'en se reconstruisant le muscle modèle une version plus tonique, mieux sculptée et un peu plus volumineuse de lui-même.

Les courbatures dues au Pilates apparaissent souvent deux jours après la séance, et non pas le lendemain. Pour vous aider à les réduire, hydratez-vous avant de commencer l'entraînement. Les jours où la douleur se fait sentir, le meilleur remède est encore le mouvement. Cela semble bizarre, je sais. La plupart des gens pensent qu'il vaut mieux se reposer pour soulager les courbatures, mais c'est en faisant circuler le sang dans les zones douloureuses que vous ramenez l'équilibre et accélérez la guérison. Je vous conseille même, lorsque c'est possible, de pratiquer quelques exercices Pilates supplémentaires les jours où vous êtes le plus courbaturé.

Étirez-vous ! L'étirement est recommandé après la séance – jamais avant. Ce simple allongement du tendon du jarret se pratique partout où vous pouvez poser le pied. Gardez les hanches d'équerre et la poitrine haute ; posez les mains sur la cuisse et penchez légèrement le buste en avant.

>> **Outils pour** se motiver

Le travail physique optimise votre quotidien, et la vie vous lance des signaux pour vous motiver. Si vous voulez progresser à pas de géant, pratiquez régulièrement. Joseph Pilates avait compris que la motivation est cumulative. Il recommandait de commencer avec seulement 10 minutes par jour. Ce démarrage minimal débouche sur de grands résultats. À petites causes, grands effets.

L'une de mes citations préférées de Joseph Pilates est : « La forme physique ne peut s'obtenir ni par paiement cash ni par idéalisme. » Il est parfois difficile de surmonter les barrières psychologiques. Voici quelques autres pensées destinées à vous donner l'impulsion :

Dépensez de l'énergie pour fabriquer de l'énergie : Vous vous sentirez moins fatigué, plus éveillé après votre entraînement.

Le travail n'ira jamais qu'à votre propre rythme : Si vous êtes fatigué, adaptez vos exercices. Vous n'avez pas l'obligation de vous pousser jusqu'à vos limites à chaque séance. Vous avez le droit d'y aller doucement de temps en temps.

Un programme d'entraînement n'est pas une corvée : Songez que modeler votre silhouette est un luxe. C'est un entretien, évidemment, mais pas une charge supplémentaire pour votre corps ; ce serait plutôt une récompense !

Restez motivé

Voici quelques-uns des meilleurs conseils pour se motiver, recueillis auprès de mes élèves et collègues.

Récompense : Faites-vous plaisir quand vous avez réussi votre programme de la semaine. Par exemple, offrez-vous une manucure ou un billet pour un spectacle.

Réalisme : Faites des pauses. La pratique de vos exercices suffit ; si vous n'avez pas le courage d'y mettre plus d'énergie, cela vous fera tout de même du bien.

Rythme : C'est un tabou dans le monde du Pilates, mais si vous croyez que la musique pourra déchaîner le super héros qui est en vous, ne vous retenez pas : mettez vos morceaux préférés et allez-y !

> ### >> **Conseils pour** vous aider dans votre pratique
>
> - **Le rythme compte.** Pensez à vous entraîner au rythme de votre cœur. En vous améliorant, le travail deviendra plus rapide et prendra moins de temps.
>
> - **Vivez Pilates !** Utilisez la technique Pilates dans votre vie quotidienne pour rester symétrique et bien droit ; tenez-vous sur les deux jambes au lieu de vous appuyer sur une seule ; croisez les chevilles au lieu de passer une jambe sur l'autre quand vous êtes assis ; marchez à grands pas, les hanches en avant.
>
> - **Signez un pacte !** Créez un système de soutien avec un ami pour vous obliger à poursuivre la route coûte que coûte.

Renforcement : Si vous aimez un exercice en particulier, répétez-le plusieurs fois dans la journée. Vous pouvez aussi prendre un moment pour montrer vos progrès à l'une de vos connaissances. Le renforcement positif est porteur de motivation.

Entraînez-vous avec un ami

Les études montrent que les gens qui s'entraînent avec leurs amis travaillent mieux et plus longtemps. Lancez-vous dans la méthode Pilates avec une connaissance, puis surveillez-vous mutuellement pour ne pas renoncer en cours de route. Il est bien plus difficile de laisser tomber quelqu'un que de tricher avec soi-même.

De plus, une petite compétition entre amis est aussi très motivante. Enfin, essayer d'enseigner à une autre personne les mouvements que vous avez pratiqués est un bon procédé pour apprendre. En disséquant les exercices pour les expliquer à quelqu'un, vous absorbez l'information pour vous-même.

Engagez-vous

Selon les experts, une nouvelle habitude s'installe en vingt et un jours. Vous ne verrez pas les changements dès le premier entraînement, mais vous pourrez les sentir. Pratiquez pendant trois semaines. Notez vos séances sur un calendrier et comptez les jours. Je parie que les derniers jours vous ne penserez même plus à le regarder ; vous en serez déjà à comptabiliser le nombre de répétitions que vous pourrez réaliser, la longueur des enchaînements que vous serez capable de tenir, et enfin les heures qui vous resteront jusqu'à la séance suivante.

Travail complémentaire

Je vous suggère la natation, le lancer du poids et le yoga pour compléter la méthode Pilates : la natation pour ses bienfaits cardio-vasculaires sans conséquence, le lancer du poids pour accroître la densité osseuse et le taux métabolique, et le yoga pour l'immobilité et la sérénité. Il ne vous reste qu'à faire le mélange. Le corps s'accommode à la longue des bénéfices de l'entraînement, et il est important de varier périodiquement les approches. Quelle que soit la technique choisie, assurez-vous d'y faire entrer les principes du Pilates, et souvenez-vous que l'exercice le plus profitable est celui que vous préférez !

N'y allez pas seul ! Cassez la routine en emmenant un ami : au lieu de sortir prendre un café, allez ensemble à l'entraînement.

>> **Histoire** du Pilates

En ce qui concerne le fitness, les modes vont et viennent. De nouveaux systèmes d'exercices apparaissent et disparaissent du jour au lendemain. Très peu d'entre eux tiennent la distance. Joseph Pilates a mis sa technique au point dans les années 1920, et de nos jours son système de modelage du corps est plus solide que jamais. Environ dix millions de personnes le pratiquent dans le monde. Manifestement, la méthode Pilates est efficace !

Il existe tant de versions différentes de l'histoire du Pilates qu'il est assez difficile de discerner le vrai du faux. Il vaut mieux parfois tenter de débusquer les erreurs que de chercher la vérité. Voici quelques lieux communs à démystifier.

• **Le Pilates est pour les danseurs.** Non. Les danseurs l'apprécient certainement, mais Joseph Pilates n'avait aucun public spécifique à l'esprit en mettant son système au point.
• **Joseph Pilates était danseur.** Non. Il était polyvalent – plongeur, gymnaste, boxeur et acrobate –, mais jamais il ne fut danseur.
• **Le Pilates est une technique d'étirement.** Pas vraiment. Mais chaque exercice comporte un étirement. Une séance de Pilates peut effectivement s'intéresser à la tension musculaire, mais ce n'est pas l'unique objectif.
• **Le Pilates nécessite l'utilisation de matériel.** Oui et non. L'enchaînement sur tapis n'en requiert pas forcément. Mais pour travailler l'ensemble des exercices du Pilates, il vaut mieux trouver un studio qui possède l'équipement approprié.
• **Le Pilates est pour les femmes.** Absolument pas. Joseph Pilates n'a pas inventé sa méthode uniquement pour les femmes. En fait, de nos jours, les hommes réclament ce genre d'entraînement, et l'on voit de plus en plus d'entraîneurs masculins dans les studios.

L'homme
Joseph Pilates est né en 1880 à Mönchengladbach, petite ville près de Düsseldorf, en Allemagne. Ses

Joseph Pilates était un pionnier dans le monde du fitness. Il a puisé ses idées dans les disciplines anciennes, et utilisé la technologie moderne pour créer un système résolument nouveau de sculpture du corps humain.

parents travaillaient eux-mêmes dans le secteur de la santé et du fitness, puisque son père était gymnaste et sa mère, naturopathe. Malgré une enfance plutôt difficile pour cause de santé fragile, le jeune Joseph s'est vite passionné pour l'anatomie et le mouvement, et a étudié le yoga, la philosophie zen et les régimes d'entraînement des anciens Grecs et Romains. Vers l'âge de quatorze ans, il était dans une forme extraordinaire et commençait à poser pour des planches anatomiques.

En parcourant les écrits de Joseph Pilates ainsi que son histoire, il apparaît évident que c'était un visionnaire, qui d'ailleurs ne se limitait pas à l'exercice physique. On peut dire qu'avec son invention de la chaise Wunda – transformable en meuble d'appartement – il a créé le premier équipement de fitness à installer chez soi. Il a même enregistré une sorte de film publicitaire pour montrer ses machines et son travail au public. Il photographiait régulièrement ses élèves avant et après l'entraînement pour noter leurs résultats spectaculaires. S'il vivait encore aujourd'hui, Joseph Pilates serait à la pointe des stratégies du marketing. Dommage qu'il n'ait pu assister de son vivant au succès de son travail.

L'un de ses plus grands rêves était de voir sa méthode pratiquée dans les écoles du monde entier. Aujourd'hui, la méthode Pilates est pratiquée partout.

Les machines

Bien que Joseph Pilates ait débuté par un système d'exercices au sol, il s'est ensuite tourné vers l'invention d'appareils spécifiques à sa méthode. L'inspiration lui est venue de plusieurs sources, et les histoires sont légion sur la créativité dont il faisait preuve. On dit par exemple qu'il a fabriqué son Cercle Magique (destiné à modeler les cuisses) à partir des cerceaux d'acier encerclant les fûts de bière. L'idée d'inventer un équipement plus sophistiqué lui est venue pendant sa détention sur l'île

de Man lors de la Première Guerre mondiale, où il entraînait ses camarades de captivité, dont la plupart étaient alités. À ce moment-là, les lits d'hôpital étaient montés sur ressorts, et il eut l'idée d'en attacher quelques-uns aux colonnes des lits pour servir d'assistance aux muscles fragilisés de ses codétenus.

Après avoir subi plusieurs transformations, cette installation particulière est aujourd'hui connue sous le nom de Cadillac ou de Table de trapèze. De plus, Joseph Pilates a conçu un cadre de bois doté d'un chariot coulissant et de ressorts variables qui a dépassé toutes ses inventions précédentes en termes de variété et d'accessibilité ; il a nommé son nouvel appareil le Réformateur universel. C'est de loin la machine la plus utilisée de nos jours et que la plupart, sinon tous les studios Pilates du monde ont à leur disposition.

Au moment de sa mort en 1967, il avait créé plusieurs dizaines d'appareils pour accompagner son immense catalogue d'exercices.

La méthode

Aujourd'hui, la méthode Pilates se trouve partout – chez les particuliers, à la télévision et dans les gymnases. Elle est disponible sous une forme ou une autre dans tous les centres de fitness du monde. Il en existe des versions hybrides, nées de fusions et d'interdisciplinarités diverses fondées sur les principes du Pilates.

La tradition du Pilates est transmise à des myriades d'entraîneurs par les cinq derniers élèves formés par Joseph Pilates lui-même. Ces maîtres ont dédié leur vie à cet apprentissage en ajoutant leur touche personnelle, ce qui perpétue l'évolution du travail de base. Cependant, alors que la technique s'enrichit, il devient de plus en plus vital de préserver l'œuvre originale pour que la méthode garde son intégrité.

Ce qu'était la méthode Pilates ou ce qu'elle devient est moins important que ce qu'elle représente pour vous aujourd'hui. Si, comme moi, vous la ressentez comme un entraînement complet qui apporte force, stabilité et mobilité pour mener à la santé globale, vous n'avez aucune raison de ne pas la pratiquer.

Dans un atelier, voici une rangée de Réformateurs universels tels qu'ils sont fabriqués de nos jours. C'est la machine Pilates la plus utilisée au monde.

Index

Remerciements

Remerciements de l'auteur

J'avais conscience pendant la création de ce projet qu'aucune tâche de ce type ne se mène à bien en solitaire. Je suis pleine de gratitude pour les nombreuses personnes qui m'ont apporté leur soutien régulier, tout particulièrement ma mère, Susan Baylis, et mon mari, Robert Ungaro, tous deux responsables de mes succès. Je tiens également à remercier mes filles adorées, Emma et Estelle, pour avoir toléré pendant des semaines que leur maman soit accaparée par son travail.

Mes remerciements vont aussi aux inimitables agents de D2 Publicity pour avoir fait en sorte que le monde entende parler de nous, ainsi qu'à Laurie Liss @ Sterling Lord Literistic pour sa prouesse remarquable. Merci encore à l'équipe esthétique : Anton Thompson et Mary Schook d'une part, Kent Mancini, Victoria Barnes et Roisin Donaghy d'autre part.

Du côté de l'édition, un grand merci également à Mary-Clare Jerram, Miranda Harvey, Penny Warren et Hilary Mandleberg, pour avoir compris dans les moments difficiles que les pantalons sont la clé du bonheur. Hourra à l'équipe phénoménale de Real Pilates, aux entraîneurs qui m'ont soufflé des idées jour après jour. Un coup de chapeau à tous les administrateurs qui font tourner mon entreprise, donc ma vie professionnelle, pendant que je reste enfermée à écrire et à créer. Ce sont Casey Kern (le grand patron), Jan Phillips (le chef suprême) et Shelley Hardin (la déesse du graphisme).

Enfin, j'ai une gratitude infinie pour Joel Mishcon et sa sagesse directoriale, ainsi que, bien sûr, pour Charlie Arnaldo, dont la silhouette et le talent ont finalement donné forme à ce projet.

Un remerciement tout particulier à Amara Leyton pour le prêt de sa maman, Melody, le temps que j'aille travailler chaque jour, et aussi à Benjamin et Adeline Teolis pour celui de leur mère, Loren, des heures durant au téléphone.

Remerciements de l'éditeur

Dorling Kindersley remercie la photographe Ruth Jenkinson et ses assistants, James McNaught et Vic Churchill ; sweatyBetty pour le prêt des vêtements ; Viv Riley de Touch Studios ; les modèles Rhona Crewe et Sam Johannesson ; Roisin Donaghy et Victoria Barnes pour la coiffure et le maquillage ; YogaMatters pour le prêt du tapis.

Merci également à Mary Pilates, nièce de Joseph Pilates, pour la générosité dont elle a fait preuve en nous fournissant la photo de son oncle reproduite page 122, et à Real Pilates pour celle de l'atelier en page 123.

Alycea Ungaro

Alycea Ungaro, Coach de culture physique, est propriétaire de Real Pilates à New York et auteur de plusieurs best-sellers, *La Promesse de la méthode Pilates*, disponible en 17 langues. La mission d'Alycea est de rendre la méthode Pilates accessible à tous, sans se soucier de l'âge, du niveau ni de la situation géographique. Elle a créé pour cela des produits promotionnels sur différents supports. Elle anime des séminaires et des ateliers aux États-Unis, et fait partie de l'organe consultatif du *Fitness Magazine*. Elle vit à New York avec sa famille. Pour en savoir plus sur Alycea ou sur Real Pilates, visitez le site www.realpilatesnyc.com

Notes

Notes